HARRAP'S

Parler **le néerlandais** en voyage

Marie-Claire Cécilia

Aniek Njiokiktjien
Ilse Vandingenen

HARRAP

21, rue du Montparnasse
75283 Paris Cedex 06

HARRAP's® est une marque de Larousse SAS.
www.harrap.com

ISBN 978-2-81-870428-8

Direction du département Dictionnaires et Encyclopédies :
Carine Girac-Marinier

Édition : Beata Assaf

Mise à jour : Aniek Njiokiktjien

Informatique éditoriale : Dalila Abdelkader

Conception graphique : Sophie Rivoire

Mise en page : Les PAOistes

Fabrication : Rebecca Dubois

Édition précédente

Direction éditoriale : Anna Stevenson

TABLE DES MATIÈRES

Table des matières

Abréviations utilisées dans ce guide

n nom	*v* verbe	*adv* adverbe
sing singulier	*plur* pluriel	*masc* masculin
Fl variante flamande	*Né* variante des Pays-Bas	*fém* féminin

INTRODUCTION

Cette toute nouvelle édition du guide de conversation franco-néerlandais Harrap est destinée à tous ceux qui souhaitent communiquer avec les habitants lors de leur séjour à l'étranger. Claire, allant à l'essentiel, elle vous aidera à faire les premiers pas pour dépasser la barrière de la langue et entrer en contact avec les gens du pays.

Dans chacune des rubriques, ce guide vous propose une liste de mots utiles ainsi qu'une série de phrases et d'expressions courantes : vous entendrez ou vous lirez certaines d'entre elles, d'autres vous permettront de vous exprimer. Vous vous ferez alors comprendre sans effort grâce à une transcription phonétique très simple, spécialement adaptée à l'utilisateur français.

Avec les quelque 4500 mots du mini-dictionnaire bilingue, les plus curieux pourront compléter ou décliner ces structures élémentaires afin de nouer une conversation.

Des indications sur la culture et les pratiques locales, quelques informations utiles sont là pour vous faire gagner du temps. Réservez vos vacances aux loisirs et à la découverte ! Vous trouverez dans ce guide un lexique gastronomique qui vous aidera à découvrir la cuisine du pays et les principaux plats régionaux.

Maintenant, à vous de jouer !

PRONONCIATION

Pour chaque phrase donnée en néerlandais dans ce guide, vous trouverez sa prononciation indiquée en italique. En lisant simplement cette transcription phonétique, vous pourrez vous faire comprendre par un néerlandophone. Prononcez bien toutes les lettres indiquées en italique. Ainsi, bank, simplement transcrit *bank*, se prononce "bann-k".

Accent tonique

Veillez à marquer l'accent tonique (signalé en caractères gras), sous peine de ne pas être compris. En règle générale, il porte sur la première syllabe. Les préfixes **be-**, **ge-**, **er-**, **her-**, **ont-**, **ver-** ne sont jamais accentués. Les suffixes **-aan**, **-ant**, **-eel**, **-es**, **-ier**, **-in**, **-ij** sont toujours accentués.

Codes utilisés dans la transcription phonétique

Certains sons néerlandais n'existant pas en français, nous avons utilisé des codes pour les retranscrire :

H C'est un h aspiré. Ex : hotel *Ho:t**è**l*

R C'est le fameux son qui donne au néerlandais ses intonations gutturales, équivalent à la jota espagnole ou au "ch" allemand de Bach. Prononcez un "r", mais en vous raclant la gorge. Ce son est beaucoup plus doux en Flandre et dans le sud des Pays-Bas. Ex : goed *Rout*

I Son intermédiaire entre i et è. Ex : dit *dIt*, ik *Ik*

Attention, c'est l'ensemble ie qui se prononce i en néerlandais (sauf pour les mots d'origine française).

Voyelles

On distingue en néerlandais les voyelles brèves (a, e, i, o, u) et les voyelles longues (voyelles doubles comme dans waar, ou voyelles simples correspondant à la dernière lettre d'une syllabe, comme le a de water). Il est essentiel de faire cette distinction pour être compris. Les voyelles brèves correspondent à un son plus court et sec qu'en français.

Prononcez bien les voyelles longues, d'autant plus qu'elles portent souvent l'accent tonique. Elles seront suivies du deux-points dans la transcription (a:, é:, i:, o:, u:). On aura par exemple : waar wa:r water wa:ter

Le **u** néerlandais (dans bus par exemple) est plus court que le "u" français et tend vers le son *eu* de "peur".

Un *e* sans accent dans la transcription se prononce comme le "e" de "je" (et non *é* ou *è*), même s'il est suivi d'une consonne (par exemple dans les combinaisons de lettres er, et, el, ou ek).

Diphtongues

Il s'agit de deux voyelles qui sont prononcées en une fois, comme dans "nuit" en français. Elles sont nombreuses en néerlandais :

oe se prononce *ou* : boek *bouk*

ij et **ei**, transcrits *èï* dans ce guide, se prononcent comme le "ei" de "soleil" (tendant vers "aï " à Amsterdam) : plein *plèïn*, vijf *vèïf*

ou et **au**, transcrits *aou* dans ce guide, se prononcent comme le "ou" de "out" en anglais : mevrouw *mevr**aou***

ui, transcrit *euï* dans ce guide, se prononce presque comme le son "eui" de "feuille" : huis ***Heuï**s*

aai, transcrit *a:ï* dans ce guide, se prononce presque comme le son "âi " de "bâiller" : lawaai *law**a:ï***

ooi, transcrit *o:ï* dans ce guide, correspond à un "o" long suivi du " ï " de "aïe" : mooi *m**o:ï***

Prononciation

Prononciation

Consonnes

Le **v** néerlandais se prononce comme en français, sauf après les lettres t, k, f, s, ch, p, g, b et d où il se prononce *f* : vader *va:der* mais ik he**b** **v**eel werk *Ik Hèp* ***fé:****l wèrk*

Le **z** se prononce comme en français, sauf après les lettres t, k, f, s, ch, p, g, b et d où il se prononce *s* : zon *zon* mais hij i**s** **z**iek *Hèï Is* ***si:****k*

En fin de mot, le **b** se prononce *p* : ik heb *Ik Hèp* et le **d** se prononce *t* : bed *bèt*

sj se prononce *ch* : meisje ***mèï****che*

Les lettres **ng** se prononcent nasalisées comme dans "ding, dong" en français, mais en prononçant à peine le "g".

Le **n** des mots se terminant en **-en** n'est généralement pas prononcé : on prononce un "e" comme dans "je". Il est dans ce cas indiqué entre parenthèses : spreken ***spré:****ke(n)*

Alphabet

L'alphabet néerlandais s'épelle ainsi :

a *a:*
b *bé:*
c *sé:*
d *dé:*
e *é:*
f *èf*
g *Ré: (r très guttural)*
h *Ha: (h aspiré)*
i *i:*
j *yé:*
k *ka:*
l *èl*
m *èm*
n *èn*
o *o:*
p *pé:*
q *ku:*
r *èr (légèrement roulé)*
s *èss*
t *té:*
u *u:*
v *vé:*
w *oué:*
x *ix*
y *èï*
z *zèt*

Le néerlandais est la langue officielle des Pays-Bas et de la Flandre belge.

GRAMMAIRE

Les mots néerlandais sont composés de syllabes ouvertes et/ou fermées.

Dans les **syllabes fermées** (celles où la voyelle est suivie d'une ou plusieurs consonnes) :

- La voyelle prononcée courte est écrite dans sa forme simple a, e, i, o, u : glad, geld, licht, pop, bus.
- La voyelle prononcée longue est écrite dans sa forme double aa, ee, ie, oo, uu : gaan, veel, tien, noot, muur.

Dans les **syllabes ouvertes** (celles où la voyelle n'est pas suivie de consonne) :

- Les voyelles prononcées courtes et longues sont écrites dans leur forme simple : pra-ten, e-ten, ro-ken, ver-o-ve-ren, ver-de-len.

Devant ch, la voyelle d'une syllabe ouverte est toujours prononcée courte : la-chen, ku-chen, po-chen.

Exception : le o peut être prononcé long devant ch et sera alors toujours écrit dans sa forme double : goo-che-len, loo-che-nen.

À la fin d'un mot :

- Les voyelles a, o et u sont écrites dans leur forme courte, mais se prononcent longues : sla, na, zo, stro, nu.
- Le i est prononcé long et s'écrit ie, sauf dans les noms des mois (januari, februari, juni, juli) : drie, zie.
- le e long est doublé pour éviter la confusion avec le e muet : zee, mee, wee, twee.

La double forme est gardée dans les mots dérivés ou composés : tweede.

Grammaire

Il existe **trois genres** : masculin, féminin et neutre.

Les noms masculins et féminins prennent l'article défini singulier **de** : la bouteille de fles

Les noms neutres prennent l'article défini singulier **het** :
la maison het huis

Retenir le genre n'est pas important. En revanche, il faut savoir si on utilise de ou het (apprenez l'article correspondant en même temps que le nom).

Les **articles définis** le et la se traduisent par **de** ou **het** :
la bouteille de fles, la maison het huis

L'article défini pluriel les se traduit par **de** :
les bouteilles de flessen, les maisons de huizen

Les **articles indéfinis** singuliers un et une se traduisent par **een** :
un verre een glas, une maison een huis

Il n'existe pas d'article indéfini pluriel (Ø) :
des restaurants Ø restaurant**s**

En général, on forme le **pluriel** en ajoutant **-en** (**-n** quand le mot se termine déjà par un e) : de kerk l'église → de kerk**en** les églises

Particularités :
sons longs : een straat une rue → de str**a**ten les rues
sons brefs : een bed un lit → de be**dd**en les lits

Les consonnes finales s et f deviennent respectivement **z** et **v** au pluriel :
een hui**s** une maison → hui**z**en des maisons
een brie**f** une lettre → brie**v**en des lettres

Les noms en -el, -em, -en, -er ou -je et ceux d'origine étrangère forment leur pluriel en **-s** :
een tafel une table → de tafel**s** les tables
een restaurant un restaurant → restaurant**s** des restaurants

Les mots en -a, -o, -u ou -i ont un pluriel en **'s** :
een foto → foto**'s**

Leurs formes accentuées des **pronoms personnels** servent à insister sur la personne concernée ou à exprimer l'opposition ou l'étonnement par exemple. Notez qu'à l'écrit, seule la forme accentuée est autorisée.

Dans une phrase simple, le pronom personnel complément (COD ou COI) se place toujours après le verbe conjugué :

je te donne les clés ik geef **je** de sleutels

S'il y a deux compléments, le pronom COD se place toujours avant le pronom COI (à l'inverse du français) :

je te les donne ik geef **ze** je

	Pronoms personnels sujets ou attributs		*Pronoms personnels COD et COI*	
Personne	*Forme non accentuée*	*Forme accentuée*	*Forme non accentuée*	*Forme accentuée*
1re du sing	ik	ik	me	mij
2e du sing	je	jij	je	jou
Forme de politesse	u	u	u	u
3e du sing m /f /n	hij / ze / het	hij / zij / het	hem / ze (haar) / het	hem / haar / het
1re du plur	we	wij	ons	ons
2e du plur	jullie	jullie	je	jullie
Forme de politesse	u	u	u	u
3e du plur	ze	zij	ze	hen, hun

Pronoms réfléchis utilisés dans les verbes pronominaux (verbes en zich) :

je me lave	ik was **me**	nous nous lavons	wij wassen **ons**
tu te laves	je wast **je**	vous vous lavez	jullie wassen **je**
il/elle se lave	hij/zij wast **zich**	*Forme de politesse*	u wast **zich**
ils/elles se lavent	zij wassen **zich**		

On emploie **elkaar** pour les verbes pronominaux de sens réciproque :

ils s'appellent très souvent ze bellen **elkaar** heel vaak

L'adjectif possessif varie en fonction du genre du possesseur et non en fonction du genre de ce qui est possédé :

la maison de Jean → sa maison het huis van Jan → **zijn** huis
le fils d'Anna → son fils de zoon van Anna → **haar** zoon

On ne distingue pas les **pronoms relatifs** sujets (qui) et objets (que). Si l'antécédent est un de-mot, on emploie **die** ; si c'est un het-mot, on emploie **dat** :

de man die daar loopt, is een bekende acteur
l'homme qui marche là-bas est un acteur connu
het verhaal dat je vertelt, is heel leuk
l'histoire que tu racontes est très intéressante

L'**adjectif attribut** reste invariable.

L'adjectif **épithète** (qui se place généralement devant le nom) s'accorde avec le nom s'il est précédé de het, de, ou een. Il suffit d'ajouter un **-e** final :

het huis → het mooi**e** huis la belle maison

Mais il ne s'accorde pas s'il est précédé de l'article indéfini een et s'il s'agit d'un het-mot :

het glas → een glas → een **klein** glas

L'infinitif se termine en -n ou -en. Le **radical** du verbe correspond à l'infinitif sans -en/-n.

Présent des verbes simples (sans particule)

werken travailler

ik	werk	*wij*	werk**en**
jij	werk**t**	*jullie*	werk**en**
u (Forme de politesse)	werk**t**	*zij*	werk**en**
hij/zij/het	werk**t**		

En néerlandais, il existe aussi des **verbes composés, à particule séparable ou inséparable**. La particule est un élément (mot ou préfixe) qui est accolé au verbe et en modifie le sens.

- **be-**, **er-**, **her-**, **ont-** et **ver-** sont des particules inséparables.
- **door-**, **mis-**, **om-**, **onder-**, **over-**, **vol-**, **voor-** et **weer-** sont des particules tantôt séparables, tantôt inséparables.
- Les autres particules sont séparables.

Les verbes à particule se conjuguent comme les verbes simples : il faut seulement veiller à la place de la particule dans la phrase. En effet, les verbes à particule conjugués se scindent en deux : le verbe de base se place après le sujet, et la particule séparable à la fin de la phrase (simple) et/ou des compléments (phrase complexe) :

iets **op**halen → ik **haal** mijn fiets **op**
aller chercher quelque chose — je vais chercher mon vélo

Présent des verbes auxiliaires

	zijn être	**hebben** avoir
ik	ben	heb
jij	bent	hebt
u (Forme de politesse)	bent	hebt
hij/zij/het	is	heeft
wij	zijn	hebben
jullie	zijn	hebben
zij	zijn	hebben

Présent des auxiliaires de mode ou de temps

kunnen (pouvoir, être capable), mogen (pouvoir, être autorisé), willen (vouloir), moeten (devoir), zullen (auxiliaire du futur)

	kunnen	**mogen**	**willen**	**moeten**	**zullen**
ik	kan	mag	wil	moet	zal
jij	kan*/kunt	mag	wilt	moet	zal
u (Forme de politesse)	kan*/kunt	mag	wilt	moet	zal
hij/zij/het	kan*/kunt	mag	wil	moet	zal
wij	kunnen	mogen	willen	moeten	zullen
jullie	kunnen	mogen	willen	moeten	zullen
zij	kunnen	mogen	willen	moeten	zullen

* La première forme est surtout utilisée à l'oral.

Le **prétérit** correspond globalement à l'imparfait et au passé simple français. On l'emploie aussi pour exprimer une succession d'actions brèves (passé composé en français) et après toen (alors, lorsque, quand).

Prétérit des verbes réguliers

Quand le radical du verbe se termine en t, k, f, s, ch, ou p (pour les retenir, les néerlandophones appellent cela **'t kofschip**), le prétérit se forme en ajoutant **-te** (au sing) ou **-ten** (au plur) à la forme du présent de la 1re pers. du sing.

Pour tous les autres verbes, le prétérit se forme en ajoutant **-de** (au sing) ou **-den** (au plur) à la forme du présent de la 1re pers. du sing :

> reizen voyager (→ ik reis je voyage) → ik reis**de** je voyageais/voyageai, zij reis**den** ils voyageaient/voyagèrent

Si le radical se termine par -t ou -d, cette consonne est redoublée :

> praten parler → ik praat je parle → ik praa**tte** je parlais/parlai

Prétérit des auxilaires

	zijn	hebben
ik	was	had
jij	was	had
u (Forme de politesse)	was	had
hij/zij/het	was	had
wij	waren	hadden
jullie	waren	hadden
zij	waren	hadden

Prétérit des auxiliaires de mode

	kunnen	mogen	willen	moeten	zullen
ik	kon	mocht	wou*/wilde	moest	zou
jij	kon	mocht	wou*/wilde	moest	zou
u (Forme de politesse)	kon	mocht	wou*/wilde	moest	zou
hij/zij/het	kon	mocht	wou*/wilde	moest	zou
wij	konden	mochten	wilden	moesten	zouden
jullie	konden	mochten	wilden	moesten	zouden
zij	konden	mochten	wilden	moesten	zouden

* La première forme est surtout utilisée à l'oral.

Passé composé des verbes réguliers

Il existe aussi un temps qui ressemble au passé composé. Comme pour le passé composé français, on emploie les auxiliaires hebben (avoir) ou dans certains cas zijn (être) conjugués au présent et suivis du participe passé.

Le **participe passé** est formé de : **ge** + radical + terminaison.

Pour les verbes commençant par be-, ge-, er-, her-, ver-, ont- : radical + terminaison.

Il y a deux types de terminaisons :

• Terminaison **-t** pour les verbes dont le radical se termine par l'une des lettres du 't kofschip :

praten parler → ge + radical en -t ('t kofschip) + t ik **heb gepraat** j'ai parlé dansen
danser → ik had gedanst j'avais dansé

• Terminaison **-d** pour tous les autres verbes :
horen entendre → ge + radical hoor + d → ik **heb gehoord** j'ai entendu
spelen jouer → ik had gespeeld j'avais joué

En néerlandais, le participe passé est rejeté en fin de phrase (simple) ou après les compléments (dans une phrase complexe) :

ik **heb** Nederlands met dit gidsje **geleerd**
j'ai appris le néerlandais avec ce guide

Pour les **verbes à particule séparable**, le **ge-** du participe passé se place entre les deux parties du verbe conjugué :

aandoen mettre (aan = particule séparable)
→ ik heb mijn jas aan**ge**daan j'ai mis mon manteau

Le **futur simple** est toujours régulier. C'est un temps composé : auxiliaire **zullen** au présent + infinitif du verbe :

je mangerai ik **zal eten**

Lorsqu'il y a des compléments, l'auxiliaire se place après le sujet et le verbe à l'infinitif à la fin de la phrase :

j'irai à Amsterdam ik **zal** naar Amsterdam **gaan**

Le **futur proche** se forme comme en français : présent de **gaan** (aller) + infinitif du verbe :

je vais manger ik **ga eten**

Pour exprimer la **négation**, on emploie **niet** (ne pas).

Niet ne se place jamais devant le verbe conjugué :

je ne travaille pas ik werk **niet** (je / travaille / ne pas)

S'il y a un COD, niet se place toujours après le complément :

ik heb **deze film niet** gezien je n'ai pas vu ce film

Mais on emploie **geen** quand le nom est précédé d'un article indéfini ou n'est précédé d'aucun déterminant (indénombrable ou pluriel indéfini) :

dat is **een** aardige meid → dat is **geen** aardige meid ce n'est pas une fille sympa

ik drink wijn → ik drink **geen** wijn je ne bois pas de vin

Comme en français, **l'ordre des mots** est sujet + verbe + compléments. Notez cependant les quelques différences avec le français :

Les éléments suivants sont rejetés **à la fin de la phrase** (phrase simple) :

- La négation : ik werk vandaag **niet** je ne travaille pas aujourd'hui
- L'attribut : zij is heel **aardig** elle est très gentille
- La particule séparable : ik **bel** je **op** je t'appelle
- Le participe passé : ik was nooit in Amsterdam **geweest** je n'étais jamais venu à Amsterdam
- L'infinitif : zij hebben niets meer **te eten** ils n'ont plus rien à manger

Dans les phrases subordonnées, le verbe est souvent rejeté à la fin :

hij zegt dat hij morgen naar Frankrijk **vertrekt** il dit qu'il part demain en France

Il y a **inversion du sujet** dans les interrogatives mais aussi lorsque la phrase commence par un complément circonstanciel ou un attribut :

gisteren **ben ik** naar Amsterdam gegaan hier je suis allé à Amsterdam

wat **ben** je mooi vanavond! que tu es belle ce soir !

Et si une subordonnée précède la principale : als zij komt, ga ik weg si elle vient, je m'en vais

Pour former une **phrase interrogative**, on inverse le sujet.

Quand elle n'est pas introduite par un interrogatif, la phrase commence par le verbe :

kom je vanavond eten? viens-tu manger ce soir ?

Dans le cas contraire, elle commence par le mot interrogatif :

wat **doe je** vanavond? que fais-tu ce soir ?

Verbes irréguliers les plus courants

Infinitif	**Prétérit** (sing, plur)	**Passé composé** (1re pers du sing)
beginnen commencer	begon, begonnen	ik ben begonnen
begrijpen comprendre	begreep, begrepen	ik heb begrepen
blijven rester	bleef, bleven	ik ben gebleven
denken penser	dacht, dachten	ik heb gedacht
doen faire	deed, deden	ik heb gedaan
drinken boire	dronk, dronken	ik heb gedronken
eten manger	at, aten	ik heb gegeten
gaan aller	ging, gingen	ik ben gegaan
geven donner	gaf, gaven	ik heb gegeven
helpen aider	hielp, hielpen	ik heb geholpen
houden (van) aimer	hield, hielden	ik heb gehouden
komen venir	kwam, kwamen	ik ben gekomen
lezen lire	las, lazen	ik heb gelezen
liggen se trouver/être couché	lag, lagen	ik heb gelegen
lopen marcher	liep, liepen	ik heb gelopen
nemen prendre	nam, namen	ik heb genomen
slapen dormir	sliep, sliepen	ik heb geslapen
spreken parler	sprak, spraken	ik heb gesproken
staan se trouver/être debout	stond, stonden	ik heb gestaan
vergeten oublier	vergat, vergaten	ik ben/heb vergeten
vinden trouver	vond, vonden	ik heb gevonden
weten savoir	wist, wisten	ik heb geweten
worden devenir/aux. du passif	werd, werden	ik ben geworden
zeggen dire	zei, zeiden	ik heb gezegd
zien voir	zag, zagen	ik heb gezien
zitten être assis/se trouver	zat, zaten	ik heb gezeten
zoeken chercher	zocht, zochten	ik heb gezocht

POUR TOUS LES JOURS

On se serre la main lors de la première rencontre, au moment des présentations. Il n'est pas courant de se faire la bise, sauf entre amis ou membres de la famille lorsqu'on ne s'est pas vus depuis longtemps.

De manière générale, les Néerlandais et les Belges sont plus décontractés dans leurs rapports sociaux que les Français. On se tutoie plus aisément, même entre gens qui viennent de faire connaissance et entre vendeurs et clients. Néanmoins, nombre de Néerlandais regrettent ce "relâchement" et préfèrent être vouvoyés par des gens qu'ils ne connaissent pas. Nous vous recommandons d'employer les formes avec **u** (vouvoiement) et de n'utiliser le tutoiement que si vous y êtes expressément invité. En Flandre, vous entendrez très souvent une forme intermédiaire (et archaïque) entre le tutoiement et le vouvoiement : **ge** (et sa forme tonique **gij**), au lieu de **je/jij**. Évitez de l'utiliser vous-même, car il vous faudrait maîtriser les patois.

Le matin, on se salue par **goedemorgen** ou **dag** (plus familier), l'après-midi, par **goedemiddag**, et le soir (dès six heures en hiver et un peu plus tard en été) par **goedenavond**. Les expressions de salutation **dag** et **hallo** peuvent être utilisées à tout moment de la journée. **Hallo** et **hoi** sont plutôt employés par les jeunes, en tout cas dans un cadre plus informel. Mais là aussi, ne vous étonnez pas d'entendre ces expressions dans un contexte professionnel ou dans la bouche de personnes moins jeunes, les usages étant moins stricts qu'en France.

Le soir, avant de se coucher, on se souhaite **goedenacht** ou bien **welterusten** (dormez bien).

Quand on se quitte, on a le choix entre **dag** (intonation montante et voyelle plus longue pour marquer la différence avec le **dag** pour dire bonjour), **tot ziens** ou **tot kijk**.

Formules de base

Pour commencer

au revoir	tot ziens *tot* ***si:****ns*
au revoir *(plus familièrement)*	dag *d****a:****aR*
bonjour	goedendag *Roudéd****a****R*
bonjour *(plus familièrement)*	hallo *Hal****o:***, dag *daR*
bonjour *(le matin)*	goedemorgen *Roudem****o****rRe(n)*
bonjour *(l'après-midi)*	goedemiddag *RoudemɪdaR*
d'accord	oké *o:****ké:***
excusez-moi *(pour attirer l'attention)*	neemt u mij niet kwalijk ***né:****mtu: mèï ni:t kw****a:****lek*
excusez-moi *(pour s'excuser)*	pardon *pard****o****n*
merci	dank u wel *danku:* ***wèl***
merci *(plus familièrement)*	bedankt *bed****a****nkt*
non	nee *né:*
non merci	nee bedankt *né: bed****a****nkt*
ok	oké *o:****ké:***
oui	ja *ya:*
pardon (Monsieur/Madame)	pardon (Meneer/Mevrouw) *pard****o****n (men****é:****r/mevr****aou****)*
si	jawel *ya:****wèl***
s'il te plaît	alsjeblieft *achebl****i:****ft*
s'il vous plaît	alstublieft *alstu:bl****i:****ft*
à bientôt	tot gauw *tot* ***Raou***, *(Fl)* tot binnenkort *tot bɪnek****o****rt*
à demain	tot morgen *tot m****o****rRe(n)*
à plus tard	tot later *tot* ***la:****ter*
bonne nuit	goedenacht *Rouden****a****Rt*
bonsoir	goedenavond *Rouden****a:****vont*

POUR TOUS LES JOURS

S'exprimer

j'aimerais …
ik zou graag …
ɪksaou Rra:R …

je voudrais …
il wil graag …
ɪk wɪl Rra:R …

est-ce que tu veux … ?
wil je …?
wɪl ye …?

où est … ?
waar is …?
wa:r ɪs …?

est-ce qu'il y a un(e) … (ici) ?
is er een … (hier)?
ɪser en … (Hi:r)?

c'est combien ?
hoeveel kost het?
Houvé:l kostet?

pourquoi … ?
waarom …?
wa:rom …?

nous aimerions …
wij zouden graag …
wèï zaoude(n) Rra:R …

nous voudrions …
wij willen graag …
wèï wɪle(n) Rra:R …

est-ce que vous voulez … ?
wilt u …?
wɪlt u: …?

où sont … ?
waar zijn …?
wa:r zèïn …?

qu'est-ce que c'est ?
wat is dat?
watɪs dat?

comment … ?
hoe …?
Hou …?

quand … ?
wanneer …?
wané:r …?

est-ce que vous parlez français ?
spreekt u Frans?
spré:ktu: frans?

comment ça se dit en néerlandais ?
hoe zeg je dat in het Nederlands?
Hou zèRye dat ɪnet né:derlants?

où sont les toilettes, s'il vous plaît ?
waar is het toilet, alstublieft?
wa:rɪset toualèt, alstu:bli:ft?

comment allez-vous ?
hoe gaat het met u?
Hou Ra:tet mètu:?

je suis (vraiment) désolé
het spijt me (heel erg)
Het spèït me (Hé:l èrR)

très bien, merci, et vous-même ?
heel goed, dank u wel, en met u?
*Hé:l Rout, danku: w**è**l, èn mèt**u:**?*

salut, ça va ?
hallo, hoe gaat het met je?
*Hal**o:**, Hou R**a:**tet mètye?*

ça va, et toi ?
goed, en met jou?
*Rout, èn mèty**aou**?*

merci beaucoup
hartelijk dank
*H**a**rtelek dank*

il n'y a pas de quoi
geen dank/(Fl) graag gedaan
*Ré:n dank/Rra:R Red**a**:n*

ah bon ?
oh ja?
o: ya:?

merde !
verdomme!
*verd**o**me!*

POUR TOUS LES JOURS

Comprendre

dames	toilettes femmes
geen vrije toegang	payant
geopend	ouvert
gereserveerd	réservé
gesloten	fermé
gratis	gratuit
ingang	entrée
open	ouvert
pas op	attention
heren	toilettes hommes
uitgang	sortie
verboden te …	défense de …
vrije toegang	entrée libre
er is … *(+ sing)* **/ er zijn** *(+ plur)* **…**	il y a …
welkom	bienvenue
hebt u er bezwaar tegen als …?	ça vous dérange si … ?
een ogenblik alstublieft	un moment, s'il vous plaît
gaat u zitten alstublieft	asseyez-vous, je vous en prie

Problèmes de compréhension

S'exprimer

vous pouvez répéter ?
kunt u dat herhalen?
*kuntu: dat HèrH**a:**le(n)?*

je ne comprends pas
ik begrijp het niet
*ɪk beRr**èï**pet ni:t*

est-ce que vous pourriez parler plus lentement ?
kunt u iets langzamer praten?
*kuntu: i:ts **la**ngza:mer pr**a:**te(n)?*

je comprends un petit peu
ik begrijp het een beetje
*ɪk beRr**èï**pet en b**é:**tye*

je ne comprends rien
ik begrijp er helemaal niets van
*ɪk beRr**èï**per H**é:**lema:l ni:ts fan*

je n'ai pas compris
ik heb het niet begrepen
*ɪk Hèpet ni:t beRr**é:**pe(n)*

est-ce que vous parlez français ?
spreekt u Frans?
*spré:kt u: fr**a**ns?*

j'arrive à comprendre le néerlandais mais je ne peux pas le parler
ik begrijp een beetje Nederlands maar ik spreek het niet
*ɪk beRr**èï**p en b**é:**tye n**é:**derlants ma:r ɪk spr**é:**ket ni:t*

je parle à peine le néerlandais
ik spreek een heel klein beetje Nederlands
*ɪk spré:k en Hé:l klèïn b**é:**tye n**é:**derlants*

j'ai du mal à comprendre/parler
ik vind het moeilijk om te verstaan/spreken
*ɪk fɪntet m**ouï**lek om te verst**a:**n/spr**é:**ke(n)*

pardon ?
sorry?
*s**o**ri:?*

quoi ?
wat?
wat?

hein ?
hè?
Hè?

comment est-ce qu'on dit … en néerlandais ?
hoe zeg je … in het Nederlands?
*Hou z**è**Rye ... ɪnet n**é:**derlants?*

comment ça s'écrit ?
hoe schrijf je dat?
*Hou sR**èï**fye dat?*

comment on appelle ça ?
hoe noem je dit?
*Hou n**ou**mye dɪt?*

POUR TOUS LES JOURS

est-ce que vous pourriez l'écrire ?
kunt u het opschrijven?
*kuntu: Het **o**psRrèïve(n)?*

qu'est-ce qui se passe ?
wat is er aan de hand?
watɪser a:n de Hant?

Comprendre

verstaat u Nederlands?
comprenez-vous le néerlandais ?

dat schrijf je zo: …
ça s'écrit …

het is een soort van …
c'est une sorte de …

dat betekent …
ça veut dire …

Parler de la langue

S'exprimer

j'ai appris quelques mots avec un livre
ik heb een paar woorden uit een boekje geleerd
*ɪk Hèp en pa:r w**o:**rde(n) euït en b**ou**kye Rel**é:**rt*

je me débrouille à peu près
ik kan me redden
*ɪk kan me r**è**de(n)*

je ne sais presque rien
ik weet bijna niks
*ɪk wé:t b**èï**na: nɪks*

il y a des sons difficiles à prononcer
sommige klanken zijn moeilijk uit te spreken
*s**o**meRe kl**a**nke(n) zèïn m**ouï**lek euït te spr**é:**ke(n)*

je connais les bases mais pas plus
ik heb maar een basiskennis
*ɪk Hèp ma:r en b**a:**sɪskènɪs*

je trouve ça difficile
ik vind het moeilijk
*ɪk fɪntet m**ouï**lek*

les gens parlent tellement vite
iedereen praat zo snel
***i:**deré:n pr**a:**tso: snèl*

ça aide de connaître un peu d'allemand
het scheelt als je een beetje Duits spreekt
*Het sR**é:**lt ache en b**é:**tye deuïts spr**é:**kt*

Comprendre

u heeft bijna geen accent
vous n'avez pas beaucoup d'accent

je spreekt het heel goed
tu parles très bien

ik vind dat je het heel goed spreekt
je trouve que tu te débrouilles très bien

Demander son chemin

S'exprimer

excusez-moi, où est ..., s'il vous plaît ?
neemt u mij niet kwalijk, waar is ...?
né:mtu: méï ni:t kwa:lek, wa:r ɪs ...?

..., c'est par où ?
welke kant is ... op?
wèlke kant ɪs ... op?

je cherche ...
ik zoek ...
ɪksouk ...

est-ce que vous pouvez me dire comment aller à ... ?
kunt u mij zeggen hoe ik naar ... moet gaan?
kuntu: mèï zèRe(n) Hou ɪk na:r ... mout Ra:n?

quelle est la route pour ... ?
hoe moet ik naar ...?
Hou moutɪk na:r ...?

c'est loin ?
is het ver?
ɪset fèr?

est-ce que vous pourriez me montrer sur le plan ?
kunt u dat op de kaart aanwijzen?
kuntu: dat op de ka:rt a:nwèïze(n)?

est-ce qu'il y a un plan de la ville quelque part ?
is er hier ergens een plattegrond?
ɪser Hi:r èrRens en plateRront?

je suis complètement/un peu perdu
ik ben helemaal/een beetje verdwaald
ɪk bèn Hé:lema:l/en bé:tye verdwa:lt

je me suis perdu
ik ben de weg kwijt
ɪk bèn de wèR kwèït

je crois que je me suis trompé
ik denk dat ik me vergist heb
ɪk dènk dat ɪk me verRɪst Hèp

Comprendre

afslaan	tourner
links	gauche
naar beneden gaan	descendre
naar boven gaan	monter
omkeren	faire demi-tour
rechtdoor	tout droit
rechts	droite
verdergaan	continuer
volgen	suivre

bent u lopend of met de auto?
vous êtes à pied ou en voiture ?

het is vijf minuten lopen/met de auto
c'est à 5 minutes à pied/en voiture

u neemt na het stoplicht de eerste straat links
prenez la première rue à gauche après le feu

u neemt de volgende afslag prenez la prochaine sortie

het is de tweede straat rechts c'est la deuxième rue à droite

u gaat steeds rechtdoor tot u bij een groot wit gebouw komt
continuez tout droit jusqu'à un grand bâtiment blanc

het is vlakbij/tamelijk ver weg/in de buurt
c'est tout près/assez loin/dans le coin

het is daar/na het kruispunt
c'est juste là/après le carrefour

u zult zien dat het aangegeven is
vous verrez, c'est indiqué

volgt u mij maar, ik breng u er naar toe
suivez-moi, je vais vous y conduire

FAIRE CONNAISSANCE

Pour commencer

aimer	houden van *H**aou**de(n) van, (Fl) (personnes)* graag zien *Rr**a:**R si:n, (choses)* graag hebben *Rra:R Hèbe(n)*
beau	mooi *mo:ï*
bien	goed *Rout*
bon marché	goedkoop *Routk**o:**p*
cher	duur *du:r*
détester	haten *H**a:**te(n)*
intéressant	interessant *Intres**a**nt*
magnifique	prachtig *pr**a**RteR*
nul	waardeloos *w**a:**rdelo:s*
ok	oké *o:**ké:***
pas mal	niet slecht *ni:t slèRt*
super	te gek *te Rèk*
très bien	heel goed *Hé:l Rout*
vacances	vakantie *va:k**a**ntsi:*

Se présenter, parler de soi

S'exprimer

je m'appelle ..., et toi ?
ik heet ..., en jij?
Ik Hé:t ..., èn yèï?

..., et vous ?
..., en u?
..., èn u:?

comment t'appelles-tu ?
hoe heet jij?
Hou Hé:t yèï?

comment vous appelez-vous ?
hoe heet u?
Hou Hé:tu:?

tu es d'ici ?
woon je hier?
wo:n ye Hi:r?

vous êtes d'ici ?
woont u hier?
wo:ntu: Hi:r?

FAIRE CONNAISSANCE

je te/vous présente ...
dit is ...
dItIs ...

(enchanté,) moi c'est ...
(aangenaam,) ik ben ...
*(**a:**nRena:m,) Ik bèn ...*

je suis français
ik ben Fransman
*Ik bèn fr**a**nsman*

je suis française
ik ben Française
*Ik bèn frans**è**ze*

quel âge as-tu ?
hoe oud ben jij?
Hou aout bènyèï?

quel âge avez-vous ?
hoe oud bent u?
Hou aout bèntu:?

j'ai 22 ans
ik ben tweeëntwintig jaar
*Ik bèn tw**é:**èntwInteR ya:r*

je viens de ...
ik kom uit ...
Ik kom euït ...

qu'est-ce que vous faites dans la vie ?
wat doet u zoal?
*wat d**ou**tu: zo:al?*

je fais des études d'économie
ik studeer economie
*Ik stu:d**é:**r é:co:no:m**i:***

tu es étudiant ?
studeer je?
*stu:d**é:**r ye?*

je travaille
ik werk
Ik wèrk

tu travailles dans quoi ?
wat voor werk doe jij?
*watfo:r w**è**rk dou yèï?*

vous travaillez dans quoi ?
wat voor werk doet u?
*watfo:r w**è**rk doutu:?*

je suis prof
ik ben leraar
*Ik bèn **lé:**ra:r*

je suis à la retraite
ik ben met pensioen
*Ik bèn mèt pèns**iou**n*

je travaille dans le marketing
ik werk in de marketing
*Ik wèrk In de m**a**rketIng*

moi aussi
ik ook
Ik o:k

j'ai deux enfants, un de 3 ans et l'autre de 9 ans
ik heb twee kinderen, een van drie (jaar) en een van negen (jaar)
*Ik Hèp twé: k**I**ndere(n), é:n van dr**i:** (ya:r) èn é:n van n**é:**Ren (ya:r)*

ils ont quel âge ?
hoe oud zijn ze?
*Hou **aou**t sèïn ze?*

est-ce que vous êtes déjà allé en France ?
bent u wel eens in Frankrijk geweest?
*bèntu: wèlé:ns In fr**a**nkrèïk Rew**é:**st?*

Comprendre

bent u Frans?
vous êtes français ?

wij hebben hier een huisje voor de zomer
nous avons une maison ici pour l'été

ik ken Frankrijk heel goed
je connais bien la France

ik heb familie in Frankrijk
j'ai de la famille en France

ik zou graag eens naar Parijs gaan
j'aimerais beaucoup connaître Paris

Parler de son séjour

S'exprimer

je suis arrivé/on est arrivés il y a trois jours
ik ben/wij zijn drie dagen geleden aangekomen
*Ik bèn/wèï zèïn dri: d**a:**Re(n) Rel**é:**de(n) **a:**nReko:me(n)*

c'est la première fois que je viens
ik ben hier voor het eerst
*Ik bèn Hi:r vo:ret **é:**rst*

je ne suis ici que pour trois jours
ik ben hier maar drie dagen
*Ik bèn Hi:r ma:r dri: d**a:**Re(n)*

je suis seulement de passage ici
ik ben hier maar op doorreis
*Ik bèn Hi:r ma:r op d**o:**rèïs*

on est venus pour notre anniversaire de mariage
wij zijn hier om onze trouwdag te vieren
*wèï zèïn Hi:r om onze tr**aou**daR te v**i:**re(n)*

c'est notre lune de miel
wij zijn op huwelijksreis
*wèï zèïn op H**u:**wleksrèïs*

je suis venu avec une amie
ik ben met een vriendin gekomen
*Ik bèn mèt en vri:nd**I**n Rek**o:**me(n)*

je suis venu/on est venus rejoindre des amis
ik ben/wij zijn hier om vrienden te ontmoeten
*Ik bèn/wèï zèïn Hi:r om vr**i:**nde(n) te ontm**ou**te(n)*

j'ai l'intention d'aller à …
ik ben van plan naar … te gaan
Ik bèn van plan na:r … te Ra:n

je suis/nous sommes en vacances
ik ben/wij zijn op vakantie
*Ik bèn/wèï zèïn op fa:k**a**ntsi:*

je suis ici pour mon travail
ik ben hier voor mijn werk
*Ik bèn Hi:r vo:r men w**è**rk*

je visite la région
ik bezoek de streek
*Ik bez**ou**k de stré:k*

on m'a conseillé d'aller à …
men heeft mij aangeraden naar … te gaan
*mèn Hé:ft mèï **a:**nRera:de(n) na:r … te Ra:n*

Comprendre

nog een fijne tijd!
bonne fin de séjour !

prettige vakantie
passez de bonnes vacances

tot de volgende keer!
à une prochaine !

veel plezier nog!
bonne continuation !

bent u hier voor het eerst?
c'est la première fois que vous venez ici ?

hoe lang ben je hier al?
ça fait combien de temps que tu es ici ?

bevalt het u?
ça vous plaît ?

bent u al naar … geweest?
vous avez déjà été visiter … ?

Garder contact

S'exprimer

on reste en contact, hein ?
we houden contact hè?
*we H**aou**de(n) kont**a**kt Hè?*

je peux te donner mon adresse e-mail
ik kan je mijn e-mailadres geven
*Ik kan ye men **i:**mé:ladrès R**é:**ve(n)*

voilà mes coordonnées en France, si vous passez un jour
dit is mijn adres in Frankrijk, mocht u ooit in de buurt zijn
*dItIs men adr**è**s In fr**a**nkrèïk, moRtu: o:ït In de b**u:**rt sèïn*

Comprendre

mag ik je adres?
tu me donnes ton adresse ?

u bent altijd van harte welkom
vous êtes toujours les bienvenus

heeft u een e-mailadres?
est-ce que vous avez une adresse e-mail ?

Échanger ses impressions

S'exprimer

c'est une bonne idée, pourquoi pas ?
dat is een goed idee, waarom niet?
*datIs en Rout i:d**é:**, wa:rom n**i:**t?*

c'est génial
dat is fantastisch
*datIs fant**a**sti:s*

c'était génial
dat was fantastisch
*dat was fant**a**sti:s*

est-ce que c'est dangereux de … ?
is het gevaarlijk om te …?
*Iset Rev**a:**rlek om te …?*

ça me plaît
dat vind ik leuk
*dat fIntIk **leu:**k*

j'aime beaucoup …
ik hou erg van …
*Ik Haou **è**rR fan …*

j'aimerais bien …
ik zou heel graag …
*Ik saou **Hé:**l Rra:R ...*

je trouve ça …
ik vind dat …
Ik fInt dat …

je suis d'accord
ik ben het er mee eens
*Ik b**è**net èrmé: **é:**ns*

je ne sais pas
ik weet het niet
*Ik w**é:**tet ni:t*

ça m'est égal
het maakt me niets uit
*Het ma:kt me n**i:**ts euït*

ça m'énerve
dat irriteert me
*dat Iri:t**é:**rt me*

c'est un attrape-touristes
dat is afzetterij voor toeristen
*datIs afsèter**èï** vo:r tour**I**ste(n)*

c'est très animé le soir
het is 's avonds heel erg druk
*HetIs s**a:**vonts Hé:l èrR druk*

je n'aime pas beaucoup …
ik hou niet erg van …
Ik Haou ni:t èrR fan …

j'ai beaucoup aimé …
ik vond … heel erg leuk
*Ik font … **Hé:**l èrR leu:k*

j'aurais bien aimé …
ik had heel graag …
*Ik Hat **Hé:**l Rra:R ...*

j'ai trouvé ça …
ik vond dat …
Ik font dat …

je ne suis pas d'accord
ik ben het er niet mee eens
*Ik b**è**net èr n**i:**t mé: é:ns*

ça a un drôle de goût
het smaakt een beetje raar
*Het sma:kt en b**é:**tye r**a:**r*

ça ne me dit pas trop
dat trekt me niet erg aan
dat trèkt me ni:t èrR a:n

c'est de l'arnaque
wat een afzetterij
*waten afsèter**èï***

je me suis ennuyé à mourir
ik heb me doodverveeld
*Ik Hèp me d**o:**tfervé:lt*

il y a trop de monde
het is te druk
*HetIs te dr**u**k*

il y avait beaucoup de monde
het was heel erg druk/(Fl) er was veel volk
*Het was **hé:**l èrR druk/er was **fé:**l volk*

on s'est bien amusés
wij hebben ons erg vermaakt
*wèï H**è**be(n) ons èrR ferm**a:**kt*

je n'ai pas compris grand-chose
ik heb er niet veel van begrepen
*Ik Hèp er ni:t fé:l van beRr**é:**pe(n)*

il y avait une super bonne ambiance
het was heel erg gezellig
*Het was Hé:l èrR Rez**è**leR*

j'ai rencontré des gens très sympas
ik heb hele *(Né)* aardige /*(Fl)* sympathieke mensen ontmoet
*Ik Hèp **Hé:**le **a:**rdeRe / slmpa:**ti:**ke m**è**nse(n) ontm**ou**t*

on a trouvé un petit hôtel très sympa
wij hebben een heel leuk hotelletje gevonden
*wèï H**è**be(n) en Hé:l leu:k Ho:t**è**letye Rev**o**nde(n)*

Comprendre

hou je van ...?
est-ce que tu aimes ... ?

we kunnen ...
on pourrait ...

heb je zin om ...?
ça te dit de ... ?

en als we nu eens ...?
et si on ... ?

vond je het leuk?
ça t'a plu ?

zo bijzonder is het niet
ça n'a rien d'exceptionnel

dat is een hele mooie streek
c'est une très belle région

daar zou u naar toe moeten gaan
vous devriez y aller

het is de omweg waard
ça vaut le détour

je kunt beter door de week gaan, dan is het minder druk
il vaut mieux y aller en semaine, il y a moins de monde

u moet absoluut eens ... proberen
il faut absolument que vous goûtiez ...

Quelques expressions familières

vervelend, *(Né)* **irritant** chiant
we zijn uit ons dak gegaan on s'est bien éclaté

Parler du temps qu'il fait

S'exprimer

quelles sont les prévisions météo pour demain ?
wat is de weersvoorspelling voor morgen?
*watIs de w**é:**rsfo:rspèlIng vo:r m**o**rRen?*

il va faire mauvais
het wordt slecht weer
Het wort slèRt wé:r

il va faire beau
het wordt mooi weer
Het wort mo:ï wé:r

on a de la chance avec le temps
we hebben geluk met het weer
*we H**è**be(n) Rel**u**k mètet wé:r*

il a fait un temps magnifique
het was prachtig weer
*Het was pr**a**RteR wé:r*

il fait vraiment chaud
het is heel erg warm
*HetIs H**é:**l èrR warm*

quelle belle journée, hein ?
wat een mooie dag, hè?
*w**a**ten m**o:**ye daR, Hè?*

il fait froid le soir
het is 's avonds koud
*HetIs s**a:**vonts kaout*

Comprendre

we krijgen regen
il risque de pleuvoir

er is voor de hele week mooi weer voorspeld
ils ont prévu du beau temps pour toute la semaine

Quelques expressions familières

het is ijskoud il fait un froid de canard
het is snikheet il fait une chaleur à crever
wat een rotweer! quel sale temps !
het regent pijpenstelen il pleut des cordes

VOYAGER, SE DÉPLACER

Pour commencer

aéroport	vliegveld *vl**i:**Rfèlt*
aller-retour	retour(tje) *ret**ou**r(tye)*
aller simple	enkele reis ***è**nkele rèïs*, enkeltje ***è**nkeltye*
arrêt de bus	bushalte *b**u**sHalte*
autoroute	snelweg *sn**è**lwèR*
avion	vliegtuig *vl**i:**RteuïR*
bagages	bagage *ba:R**a:**je*
bateau	boot *bo:t*
billet	*(train)* kaartje *k**a:**rtye*, *(avion)* ticket *t**I**ket*
bus	bus *bus*
car	bus *bus*
carte	kaart *ka:rt*
consigne	bagagedepot *ba:R**a:**jedé:p**o:***
embarquement	instappen ***I**nstape(n)*
enregistrement	inchecken ***I**ntchèke(n)*
gare	station *stats**yo**n*
gare routière	busstation *b**u**statsyon*
horaires	dienstregeling *d**i:**nstré:RelIng*
louer	huren *H**u:**re(n)*
métro	metro *m**é:**tro:*
navette	shuttlebus *chutelbus*
passeport	paspoort *p**a**spo:rt*
plan	plattegrond *plateRr**o**nt*
quai	perron *pèr**o**n*
réserver	reserveren *ré:zèrv**é:**re(n)*
route	weg *wèR*
rue	straat *stra:t*
station de métro	metrostation *m**é:**tro:statsyon*
taxi	taxi *t**a**xi:*
terminal	terminal ***teu**rminel*
ticket	kaartje *k**a:**rtye*
train	trein *trèïn*
tramway	tram *trèm*
voiture	auto ***aou**to:*
vol	vlucht *vluRt*

S'exprimer

où est-ce que je peux acheter des billets ?
waar kan ik kaartjes kopen?
*wa:r kanIk k**a:**rtyes k**o:**pe(n)?*

un billet pour ...
een kaartje naar ...
*en k**a:**rtye na:r ...*

je voudrais réserver un billet
ik wil graag een plaats reserveren
*Ik wIl Rr**a:**R en pl**a:**ts ré:zèrv**é:**re(n)*

combien coûte un billet pour ... ?
hoeveel kost een kaartje naar ...?
*Houv**é:**l kost en k**a:**rtye na:r ...?*

est-ce qu'il y a des réductions pour les étudiants ?
is er korting voor studenten?
***I**sèr k**o**rtIng vo:r stu:d**è**nte(n)?*

est-ce que vous auriez un dépliant avec les horaires ?
heeft u een folder met de dienstregeling?
*Hé:ftu: en f**o**lder mèt de d**i:**nstré:RelIng?*

est-ce qu'il vous reste des places pour ... ?
heeft u nog plaats naar ...?
Hé:ftu: noR pla:ts na:r ...?

il n'y en a pas plus tôt/tard ?
is er niet een eerder/later?
***I**ser ni:t é:n **é:**rder/l**a:**ter?*

combien de temps dure le voyage ?
hoe lang duurt de reis?
*Houl**a**ng du:rt de rèïs?*

est-ce que cette place est libre ?
is deze plaats vrij?
*Izd**é:**ze pla:ts frèï?*

désolé, il y a déjà quelqu'un
sorry, daar zit al iemand
*s**o**ri:, da:r zIt al **i:**mant*

Comprendre

aankomst	arrivées
aansluiting	correspondances
geannuleerd, gecanceld	annulé
informatie	renseignements
ingang	entrée
toiletten	toilettes

uitgang	sortie
vertraging	retard
vertrek	départs
alles is volgeboekt	tout est complet

Déchiffrer les abréviations

u (h) = uur (heure)
nr. (n°) = nummer (numéro)
A'dam = Amsterdam
R'dam = Rotterdam
Bxl = Brussel
A'pen = Antwerpen

En avion

S'exprimer

où est l'enregistrement des bagages pour Air France ?
waar is de incheckbalie van Air France?
wa:rls de Intchèkba:li: van è:r frans?

une valise et un bagage à main
een koffer en een stuk handbagage
en kofer èn en stuk Hantba:Ra:je

à quelle heure embarque-t-on ?
hoe laat moeten we instappen?
Houla:t moute(n) we Instape(n)?

je voudrais confirmer mon vol de retour
ik wil graag mijn retourvlucht bevestigen
Ik wIl Rra:R men retourvluRt bevèsteRe(n)

il me manque une valise
ik mis een koffer
Ik mIs en kofer

mes bagages ne sont pas arrivés
mijn bagage is niet aangekomen
men ba:Ra:je Is ni:t a:nReko:me(n)

j'ai raté ma correspondance
ik heb mijn aansluiting gemist
Ik Hèp men a:nsleuïtIng RemIst

l'avion a eu 2 heures de retard
het vliegtuig had twee uur vertraging
Het fli:RteuïR Hat twé: u:r vertra:RIng

j'ai oublié quelque chose dans l'avion
ik heb iets in het vliegtuig laten liggen
*Ik Hèp i:ts Inet fl**i**:RteuïR l**a**:te(n) **I**lRe(n)*

je voudrais faire une déclaration de perte pour mes bagages
ik wil graag het verlies van mijn bagage aangeven
*Ik wIl Rr**a**:R Het ferl**i:**s fan men ba:R**a:**je **a**:nRé:ve(n)*

Comprendre

aangifte goederen	marchandises à déclarer
bagageband	retrait des bagages
direct instappen	embarquement immédiat
douane	douane
incheckbalie	enregistrement des bagages
niets aan te geven	rien à déclarer
vertrekhal	salle d'embarquement

wilt u in de vertrekhal wachten
veuillez patienter dans la salle d'embarquement

een plaats aan het raam of aan het gangpad?
une place côté hublot ou côté couloir ?

u heeft een aansluiting om ...
vous avez une correspondance à ...

hoeveel koffers heeft u?
combien de bagages avez-vous ?

u heeft vijftien kilo overbagage
vous avez un excédent de 15 kilos

hier is uw instapkaart
voilà votre carte d'embarquement

u moet naar gate ...
veuillez vous rendre à la porte ...

u kunt dit nummer bellen om te informeren of uw bagage is aangekomen
appelez ce numéro pour savoir si vos bagages sont arrivés

En train, car, bus, métro, tramway

À Amsterdam, Rotterdam et Bruxelles, vous pourrez emprunter le métro, et à Anvers ce qu'on appelle le pré-métro (un tram souterrain). Sachez que le nombre de lignes est très réduit. Sauf à Bruxelles, le plus pratique reste le tramway ou le bus. Les bus relient les villages sur les trajets qui ne sont pas desservis par les trains. La distinction entre 1re et 2e classe n'existe plus que dans les trains, où elle doit être respectée. On ne composte pas son billet de train avant de monter : les billets sont contrôlés sur le trajet. En Flandre, on distingue les lignes **IC** (Intercity, desservant les grandes villes) et **IR** (Interrégion, reliant les villes moyennes).

Aux Pays-Bas, pour le transport en métro, tramway ou bus, vous pouvez acheter une **OV-chipkaart**, une carte à puce sans contact valable sur l'ensemble des réseaux de transport en commun. Avec cette carte vous devez procéder à un enregistrement quand vous montez dans le moyen de transport et à un dés-enregistrement quand vous sortez. Le trajet est décompté du solde restant sur la carte.

Pour vos déplacements en car dans la région flamande, vous pouvez acheter une **Lijnkaart** dans les bureaux d'information de **De Lijn**, dans les gares et les gares routières, auprès des conducteurs (sauf à Anvers et Gand) ou aux distributeurs automatiques. Lorsque vous compostez, vous introduisez le nombre de zones de votre trajet, puis le coût sera déduit de la valeur de la carte. Le prix est 25% moins cher que si vous achetez un simple billet.

Pour vos déplacements en tram ou en bus dans les villes flamandes, vous pouvez acheter auprès du conducteur un billet simple ou une **Stadskaart** (dans les deux cas, valables 1 heure). N'oubliez pas de composter à chaque changement. Il existe des pass pour une journée, 3 jours et 7 jours. Les rames circulent entre 6h et 23h. Un tram parcourt toute la longueur du littoral belge, de La Panne à Knokke en 2h30 environ. Le réseau de Bruxelles est autonome et propose ses propres tarifs. Vous avez le choix entre une **stadskaart** pour le centre-ville, une **voorstadskaart** pour la banlieue, ou un pass pour la journée.

S'exprimer

est-ce que je peux avoir un plan du métro ?
mag ik een plattegrond van de metro?
*m**a**RIk en plateRr**o**nt fan de **mé:**tro:?*

à quelle heure est le prochain train pour … ?
hoe laat gaat de volgende trein naar …?
*Houl**a:**t Ra:t de v**o**lRende trèïn na:r …?*

à quelle heure part le dernier train ?
hoe laat vertrekt de laatste trein?
*Houl**a:**t fertr**è**kt de **la:**tste trèïn?*

de quel quai part le train pour … ?
vanaf welk perron vertrekt de trein naar …?
*van**a**f wèlk pèr**o**n vertr**è**kt de trèïn na:r …?*

où est-ce que je peux prendre un bus pour … ?
waar gaat de bus naar …?
*w**a:**r Ra:t de bus na:r …?*

quelle ligne dois-je prendre pour … ?
welke lijn moet ik nemen naar …?
*w**è**lke lèïn m**ou**tIk **né:**me(n) na:r …?*

c'est bien l'arrêt pour … ?
is dit de halte voor …?
*Izd**I**t de H**a**lte vo:r …?*

j'ai raté mon train
ik heb mijn trein gemist
*Ik Hèp men trèïn Rem**I**st*

c'est bien d'ici que part le car pour … ?
gaat hier de bus naar …?
*Ra:t H**i:**r de bus na:r …?*

pourriez-vous me dire quand il faut descendre ?
kunt u me zeggen wanneer ik moet uitstappen?
*kuntu: me z**è**Ren wan**é:**r Ik mout **euï**tstape(n)?*

Comprendre

dag-... pour la journée
loket billetterie
maand-... mensuel
naar de treinen accès aux quais
reserveringen réservations
week-... hebdomadaire

er is een halte iets verderop naar rechts
il y a un arrêt juste un peu plus loin à droite

gepast betalen alstublieft
faites l'appoint, s'il vous plaît

u moet overstappen in ...
vous avez un changement à ...

u moet bus ... nemen
vous devez prendre le bus n°...

over twee haltes
dans 2 arrêts

deze trein stopt in de volgende stations: ...
ce train dessert les gares de ...

En voiture, à vélo

ⓘ Le permis de conduire français est valable en Belgique et aux Pays-Bas. Les autoroutes sont gratuites ; il n'y a donc pas de péage, à l'exception de quelques ponts et tunnels. L'essence sans-plomb se dit **loodvrij** (*lo:tfrèï*), le super **super** (*su:per*) et le diesel **diesel** (*di:zel*).
Veillez à respecter les limitations de vitesse : 50 km/h en agglomération (30km/h dans certains quartiers), 80-100 km/h sur les routes des Pays-Bas et 90 km/h sur les routes à 4 voies en Belgique, 120 km/h sur les autoroutes belges et néerlandaises (mais 100-130 km/h aux abords des grandes villes néerlandaises). Il y a de nombreux radars et la police néerlandaise est très stricte là-dessus ! Il faut impérativement porter la ceinture de sécurité. Des contrôles d'alcoolémie sont effectués, surtout les soirs de week-end. Dans la plupart des grandes villes, le stationnement dans le centre-ville est payant et assez cher. En cas d'infraction, vous risquez une amende aux Pays-Bas, un enlèvement en Flandre. Les amendes sont très élevées.

Tout véhicule venant de droite, vélos compris, a la priorité, sauf si vous vous trouvez sur une route prioritaire. En ville, faites attention aux nombreux cyclistes et aux tramways qui ont toujours la priorité et qui ne peuvent être dépassés qu'à droite. Dès lors qu'un tram s'arrête pour faire descendre et monter des voyageurs, il est interdit de le dépasser : attendez la fermeture des portes.

Les taxis sont nettement plus chers qu'en France. On peut s'installer sur le siège à côté du chauffeur. En Flandre, il vaut mieux réserver à l'avance car il y a moins de stations de taxi et de taxis.

Important pour circuler en voiture en Flandre : apprenez le nom des villes dans les deux langues ! Les **rings** (périphériques) des villes flamandes peuvent être extrêmement chaotiques, avec des sorties et des entrées des deux côtés des voies. Suivez immédiatement les indications car elles sont souvent fournies au dernier moment. Munissez-vous de bonnes cartes. Ce n'est pas pour rien que les Flamands appellent **spaghetti** certains axes des **rings** de Bruxelles et d'Anvers !

Naturellement, vous pouvez aussi opter pour le moyen de locomotion national : le vélo. Vous trouverez facilement des vélos à louer, en particulier dans la plupart des grandes gares (rendez-vous au **stalling**) et auprès de magasins spécialisés (**fietsverhuur**). Attention : utilisez les pistes cyclables (**fietspad**). Notez que le vélo hollandais traditionnel est équipé de rétropédalage, et non de freins au guidon : on freine en pédalant dans le sens contraire à la marche.

S'exprimer

où est-ce que je peux trouver une station-service ?
waar kan ik een benzinestation vinden?
*wa:r kan **I**k en bènz**i:**nestatsyon v**I**nde(n)?*

le plein de sans-plomb, s'il vous plaît
een volle tank loodvrij alstublieft
*en v**o**le tènk lo:tfr**èï** alstu:bl**i:**ft*

on a été bloqués dans un embouteillage
we zaten in een file
*we z**a:**te(n) In en f**i:**le*

est-ce qu'il y a un garage par ici ?
is hier ergens een garage?
*Is Hi:r **è**rRens en Ra:r**a:**je?*

la batterie est morte
de accu/(Fl) batterij is leeg
*de **a**cu:/bater**èï** Is lé:R*

nous sommes en panne d'essence
wij hebben geen benzine meer
*wèï H**è**be(n) Ré:n bènz**i:**ne mé:r*

je suis tombé en panne
ik heb pech/(Fl) ik ben in panne gevallen
*Ik Hèp p**è**R/Ik bèn In p**a**ne Rev**a**le(n)*

j'ai crevé
ik heb een lekke band
*Ik Hèp en l**è**ke bant*

j'ai perdu les clés de ma voiture
ik ben mijn autosleutels verloren
*Ik bèn men **aou**to:sleu:tels verl**o:**re(n)*

nous venons d'avoir un accident
wij hebben net een ongeluk gehad
*wèï H**è**be(n) nèt en **o**nReluk ReH**a**t*

ça va prendre combien de temps à réparer ?
hoe lang gaat de reparatie duren?
*H**ou**lang Ra:t de ré:pa:r**a:**ti: d**u:**re(n)?*

• Location de voiture

je voudrais louer une voiture pour une semaine
ik wil graag een auto huren voor een week
*Ik wIl Rr**a:**R en **aou**to: H**u:**re(n) vo:r en w**é:**k*

une voiture à boîte de vitesses automatique
een auto met een automatische versnelling
*en **aou**to: m**è**ten aouto:m**a:**tis:e versn**è**lIng*

je voudrais prendre une assurance tous risques
ik wil graag een all-riskverzekering afsluiten
*Ik wIl Rr**a:**R en ol-r**I**skferz**é:**kerIng **a**fsleuïte(n)*

En taxi

je voudrais aller à …
naar … alstublieft
na:r … alstu:bli:ft

je voudrais un taxi pour 8 heures
ik wil graag een taxi om acht uur
Ik wIl Rra:R en taxi: om aRtu:r

vous pouvez m'arrêter ici, merci
u kunt mij er hier uitlaten
u: kunt mèï èr Hi:r euïtla:te(n)

combien ça va me coûter pour aller à l'aéroport ?
hoeveel kost een rit naar het vliegveld?
Houvé:l kost en rIt na:r Het fli:Rvèlt?

En auto-stop

je vais à …
ik ga naar …
Ik Ra: na:r …

merci de m'avoir emmené
bedankt voor de lift
bedankt fo:r de lIft

est-ce que vous pourriez me déposer ici ?
kunt u me hier afzetten?
kuntu: me Hi:r afsète(n)?

Comprendre

andere richtingen	autres directions
autoverhuur	location de voitures
bewaar uw kaartje	conservez votre ticket
doorgaand verkeer/*(Fl)* **alle richtingen**	toutes directions
langzaam rijden/*(Fl)* **vertragen**	ralentissez
parking	parking
verboden te parkeren	stationnement interdit
verboden te stoppen	route où il est interdit de s'arrêter, même pour déposer quelqu'un
vol	complet

ik heb uw rijbewijs nodig, een *(Né)* **legitimatiebewijs/***(Fl)* **identiteitsbewijs en uw** *(Né)* **creditcard/***(Fl)* **kredietkaart**
il me faut votre permis de conduire, une pièce d'identité et votre carte de crédit

de borgsom is tweehonderdvijftig euro
la caution est de 250 euros

stap maar in, u kunt meerijden tot …
c'est bon, montez, je vais vous avancer jusqu'à …

En bateau

On accède en bateau aux îles frisonnes des Wadden, les **Waddeneilanden**. Les modalités diffèrent selon les îles (bateau rapide ou classique, possibilité d'embarquer son vélo ou sa voiture). En haute saison les navettes sont nombreuses, mais hors saison il n'y a parfois qu'un seul bateau par jour. Renseignez-vous quelques jours à l'avance auprès des offices de tourisme (**VVV**). Vous pouvez choisir de laisser votre voiture dans les immenses parkings des ports frisons pour visiter les îles en bicyclette ou à pied. Il est possible de visiter la Belgique par les rivières et les canaux navigables, et de rejoindre l'Angleterre par les ports d'Ostende et de Zeebruges.

S'exprimer

combien de temps dure la traversée ?
hoe lang duurt de overtocht?
*H**ou**lang du:rt de **o:**vertoRt?*

j'ai le mal de mer
ik ben zeeziek
*Ik bèn **zé:**zi:k*

Comprendre

passagiers zonder voertuig
passagers sans véhicule

volgend vertrek om …
prochain départ à …

HÉBERGEMENT

Aux Pays-Bas, les hôtels sont plus chers qu'en France. Pour réserver une chambre, vous pouvez vous renseigner auprès des **VVV** (offices de tourisme) ou dans les gares. Pour vous loger à un meilleur prix, vous pouvez aller dans les **youth hostels** (ou **jeudherberg**), sortes d'auberges de jeunesse améliorées qui accueillent jeunes et étudiants, mais aussi familles et groupes. De nombreux **VVV** pourront également vous fournir des adresses chez l'habitant (**kamers**), même si le phénomène est nettement moins fréquent qu'en France, sauf en bord de mer. Un excellent guide pour se loger à des prix raisonnables : le guide *Goedkoop overnachten in Nederland* (*Se loger à bon prix aux Pays-Bas*) de l'ANWB. L'ANWB édite également des guides pour les campings (*Camping Nederland*) et les petits campings (*Kleine camping*). Pour une liste des campings et hôtels, vous pouvez vous adresser à l'Office néerlandais du tourisme à Paris ou bien aux **VVV**. À l'entrée des campings, vous devrez présenter une carte d'identité. Le camping sauvage est interdit. Cependant, un propriétaire en possession d'une autorisation communale pourra offrir son terrain à un campeur.

En Flandre, il est conseillé de réserver sa chambre d'hôtel à l'avance, notamment pour les week-ends ou lors de festivités. Vous pouvez réserver par l'intermédiaire du **BTR** (Belgian Tourist Reservations). Dans les villes, il y a des **B&B** ou **gastenkamers** et des auberges de jeunesse de bonne qualité. Des campings se trouvent en périphérie des villes, et en abondance en bord de mer. À la campagne, un réseau réglementé de chambres d'hôtes (avec ou sans petit déjeuner) est en plein essor. Un *Guide du logement chez l'habitant* est proposé par Taxistop. **Toerisme Vlaanderen** (02 504 03 90) vous renseignera efficacement sur tout type de logement.

Aux Pays-Bas comme en Flandre, les prix affichés sont toutes taxes comprises.

Pour commencer

appartement	appartement *apartem**è**nt*
auberge de jeunesse	jeugdherberg ***yeu:**RtHèrbèrR*
avec cuisine	met keuken *mèt **keu:**ken*
avec douche	met douche *mèt d**ou**ch*
bain	bad *bat*
camping	camping *k**è**mpIng*
chambre double	tweepersoonskamer *twé:pers**o:**nska:mer*
chambre pour une personne	eenpersoonskamer *é:npers**o:**nska:mer*
clé	sleutel *s**leu:**tel*
demi-pension	halfpension *H**a**lfpènsion*
douche	douche *d**ou**ch*
hôtel	hotel *Ho:**tè**l*
lit double	tweepersoonsbed *twé:pers**o:**nsbèt*
lit pour une personne	eenpersoonsbed *é:npers**o:**nsbèt*
louer	huren *H**u:**ren*
maison	huis ***Heuï**s*
pension complète	volpension *v**o**lpènsion*
petit déjeuner compris	ontbijt inbegrepen *ontb**èï**t* *InbeRré:pe(n)*
prix par personne	prijs per persoon *prèïs pèr pers**o:**n*
propriétaire	eigenaar ***èï**Rena:r*
réserver	reserveren *ré:zèr**vé:**re(n)*
télévision par satellite	satelliettelevisie *sate**li:**té:lé:vi:si:*
tente	tent *tènt*
tout compris	alles inbegrepen ***a**les **I**nbeRré:pe(n)*

S'exprimer

est-ce que vous pouvez m'écrire l'adresse ?
kunt u het adres voor mij opschrijven?
*kuntu: Het adr**è**s fo:r mèï **o**psRrèïve(n)?*

où peut-on faire les courses dans le coin ?
waar kunnen we in de buurt boodschappen doen?
*wa:r k**u**ne(n) we In de bu:rt b**o:**tsRape(n) doun?*

est-ce qu'il serait possible de rester une autre nuit ?
zouden we nog een nacht kunnen blijven?
*z**aou**de(n) we noR en naRt k**u**ne(n) bl**èï**ve(n)?*

vous acceptez les cartes de crédit ?
(Né) accepteert u creditcards?/*(Fl)* kan ik met mijn kredietkaart betalen?
*aksèpt**é:**rtu: kr**è**dItkards?/kan Ik mèt mèïn kred**i:**tka:rt bet**a:**le(n)?*

j'ai réservé (par téléphone) … au nom de …
ik heb (telefonisch) … gereserveerd op naam van …
*Ik Hèp (té:lé:f**o:**ni:s) … Reré:zèrv**é:**rt op na:m van ...*

Comprendre

badkamer	salle de bains
kamer met badkamer	chambre avec salle de bains
kamers vrij	chambres libres
privé	privé
receptie	réception
vol/*(Fl)* **volgeboekt**	complet

mag ik uw paspoort zien?
est-ce que je peux voir votre passeport ?

kunt u dit formulier invullen?
est-ce que vous pouvez remplir cette fiche ?

Hôtel et chambre d'hôtes

S'exprimer

je voudrais réserver une chambre pour 2 personnes pour demain soir
ik wil graag een tweepersoonskamer reserveren voor morgenavond
*Ik wIl Rra:R en twé:pers**o:**nska:mer ré:zèrv**é:**re(n) vo:r morRen**a:**vont*

je voudrais réserver 2 chambres individuelles pour 3 nuits
ik wil graag twee eenpersoonskamers voor drie nachten reserveren
*Ik wIl Rra:r twé: **é:**nperso:nska:mers fo:r dri: n**a**Rten ré:zèrv**é:**re(n)*

est-ce qu'il vous reste des chambres de libres ?
heeft u nog kamers vrij?
*Hé:ftu: noR k**a:**mers frèï?*

une chambre pas chère pour une personne
een goedkope eenpersoonskamer
*en Routk**o:**pe **é:**nperso:nska:mer*

c'est pour un couple et deux enfants
het is voor een stel met twee kinderen
*Het Is fo:r en stèl mèt twé: k**I**nderen*

c'est bien, je la prends
oké, ik neem hem
*o:k**é:**, Ik n**é:**mem*

ça n'a pas vraiment d'importance
dat is niet zo belangrijk
*dat Is ni:t so: bel**a**ngrèïk*

est-ce que je peux voir la chambre ?
mag ik de kamer zien?
*maRIk de k**a:**mer zi:n?*

avez-vous quelque chose de plus calme ?
heeft u een rustiger kamer?
*Hé:ftu: en **ru**steRer k**a:**mer?*

est-ce qu'il est possible d'ajouter un lit supplémentaire ?
kunt u een extra bed neerzetten?
*kuntu: en **è**kstra: bèt n**é:**rzète(n)?*

nous pensons rester 2 nuits
wij zijn van plan twee nachten te blijven
*wèï zèïn van plan twé: n**a**Rten te bl**èï**ve(n)*

pourriez-vous me recommander un autre hôtel ?
kunt u een ander hotel aanbevelen?
*kuntu: en **a**nder Ho:t**è**l **a:**nbevé:le(n)?*

combien coûte une chambre avec salle de bains ?
hoeveel kost een kamer met badkamer?
*Houvé:l kost en k**a:**mer mèt b**a**tka:mer?*

vers 7 heures, je pense
rond een uur of zeven, denk ik
*ront en u:r of s**é:**ven, dènk Ik*

vous n'avez rien de moins cher ?
heeft u iets goedkopers?
*Hé:ftu: i:ts Routk**o:**pers?*

est-ce que le petit déjeuner est inclus ?
is het ontbijt inbegrepen?
*Iset ontb**èï**t **I**nbeRré:pe(n)?*

est-ce que l'hôtel est près du centre ?
is het hotel dicht bij het centrum?
Iset Ho:tèl dIRtbèï Het sèntrem?

la clé de la 24, s'il vous plaît
de sleutel van kamer vierentwintig alstublieft
de sleu:tel van ka:mer vi:rentwInteR alstu:bli:ft

j'aimerais changer de chambre, la mienne est trop bruyante
ik wil graag een andere kamer, die van mij is te lawaaierig
Ik wIl Rra:R en andere ka:mer, di: van mèï Is te lawa:ïereR

est-ce que je peux avoir une couverture supplémentaire ?
kan ik een extra deken krijgen?
kanIk en èkstra: dé:ken krèïRe(n)?

y a-t-il une prise pour le rasoir ?
is er een stopcontact voor een scheerapparaat?
Iser en stopkontakt fo:r en sRé:rapa:ra:t?

je n'arrive pas à faire marcher la douche
ik krijg de douche niet aan
Ik krèïR de douch ni:t a:n

pouvez-vous me montrer comment ça marche ?
kunt u me laten zien hoe het werkt?
kuntu: me la:te(n) zi:n Hou Het wèrkt?

nous n'avons pas de serviettes de toilette
wij hebben geen handdoeken
wèï Hèbe(n) Ré:n Handouke(n)

il n'y a plus de papier toilette
het toiletpapier is op
Het toualètpapi:r Is op

les draps n'ont pas été changés
de lakens zijn niet verschoond
de la:kens zèïn ni:t fersRo:nt

Comprendre

er is een heel leuk, niet te duur hotel vlak bij …
il y a un hôtel pas trop cher et vraiment bien près de …

wat zoekt u?
qu'est-ce que vous cherchez ?

met of zonder badkamer?
avec ou sans salle de bains ?

nee, het spijt me, we zijn vol/*(Fl)* volgeboekt
non, je regrette, nous sommes complets

ik heb alleen nog een tweepersoonskamer
il ne me reste qu'une chambre double

voor hoeveel nachten is het?
c'est pour combien de nuits ?

wat is uw naam alstublieft?
quel est votre nom, s'il vous plaît ?

hoe laat denkt u aan te komen?
à quelle heure pensez-vous arriver ?

dat is de sleutel van de voordeur en die andere is van uw kamer
celle-là est la clé de la porte d'entrée et l'autre celle de votre chambre

u moet de kamers voor twaalf uur verlaten
les chambres doivent être libérées avant midi

het ontbijt wordt tussen half acht en tien uur geserveerd
le petit déjeuner est servi entre 7h30 et 10h

Auberge de jeunesse

S'exprimer

est-ce que je peux laisser mon sac à dos à la réception ?
kan ik mijn rugzak bij de receptie achterlaten?
*kan Ik men **ru**Rsak bèï de ré:s**è**psi: **a**Rterla:te(n)?*

je viendrai le récupérer vers 7 heures
ik kom hem om een uur of zeven weer ophalen
*Ik kom Hèm om en u:r of **sé:**ven wé:r **o**pHa:le(n)*

il n'y a pas d'eau chaude
er is geen warm water
*èr Is Ré:n warm w**a:**ter*

l'évier est bouché
de wasbak is verstopt
*de w**a**sbak Is verst**o**pt*

Comprendre

heb je een *(Né)* **lidmaatschapskaart/***(Fl)* **lidkaart?**
avez-vous une carte de membre ?

lakens aanwezig
les draps sont fournis

Location

S'exprimer

je cherche quelque chose qui soit près du centre
ik zoek iets dicht bij het centrum
*Ik souk i:ts dIRtb**èï** Het s**è**ntrem*

où dois-je prendre/laisser les clés ?
waar kan ik de sleutels ophalen/achterlaten?
*wa:r kan Ik de sl**eu:**tels **o**pha:le(n)/**a**Rterla:te(n)?*

est-ce qu'il y a des … de rechange ?
zijn er extra …?
*zèïner **è**kstra: …?*

où dois-je sortir les poubelles ?
waar kan ik de vuilnis laten?
*wa:r kanIk de v**euï**lnIs l**a:**te(n)?*

je ne trouve pas le/la …
ik kan de/het … niet vinden
*Ik kan de/Het … ni:t f**I**nde(n)*

Comprendre

goedendag, komt u voor het huisje?
bonjour, vous venez pour la maison ?

de prijs is inclusief verwarming, gas en elektriciteit
le prix comprend le chauffage, l'électricité et le gaz

Camping

S'exprimer

y a-t-il un camping près d'ici ?
is er een camping in de buurt?
*Iser en k**è**mpIng In de bu:rt?*

je voudrais un emplacement pour une tente pour 2 jours
ik wil graag een plaats voor een tent voor twee dagen
*Ik wIl Rra:R en pla:ts fo:r en tènt fo:r twé: d**a:**Re(n)*

c'est combien par jour ?
hoeveel kost het per dag?
*Houvé:l k**o**stet pèr daR?*

est-ce qu'il y a une cabine téléphonique ?
is er een telefooncel?
*Iser en té:lé:f**o:**nsèl?*

où sont les poubelles ?
waar zijn de vuilnisbakken?
*wa:r zèïn de v**euï**lnIsbake(n)?*

je voudrais régler – on était au numéro 62, allée B
ik wil graag betalen – we stonden op nummer tweeënzestig, rij B
*Ik wIl Rra:R bet**a:**le(n) – we st**o**nde(n) op n**u**mer twé:ens**è**steR, rèï **bé:***

Comprendre

belt u gerust als u een probleem heeft
n'hésitez pas à m'appeler si vous avez un problème

het is … per dag/per persoon en … per tent
c'est … par jour/par personne et … par tente

BOIRE ET MANGER

ⓘ Les Néerlandais aiment boire et manger pour la convivialité (**gezelligheid**). Grands consommateurs de café et de thé, ils vous en offrent volontiers à la maison et au bureau. Le café est servi allongé avec du lait concentré non sucré et un biscuit, souvent un **speculaasje**, ou un petit chocolat. Pour un café noir à la française, demandez un **espresso**. Le **koffie verkeerd** est un café avec beaucoup de lait, et le **cappuccino** est servi presque comme en Italie. Il est également courant de boire de grands verres de lait le matin et à midi.

Le petit déjeuner hollandais est consistant : pain complet, fromage, charcuterie et œuf à la coque, accompagné de thé ou café et/ou lait ou jus d'orange. Il faut goûter les tartines au **pindakaas** (beurre de cacahouètes) et au **hagelslag** (granulés au chocolat). On déjeune légèrement, souvent au bureau : tartines (**boterhammen**) de pain complet accompagnées de fromage, charcuterie, poisson fumé ou hareng frais, et en hiver, un bol de soupe. Les Néerlandais, surtout les jeunes, aiment également beaucoup manger sur le pouce. Dans les nombreux **snackbars**, vous pourrez goûter les frites à la mayonnaise (**patat met**) ou la **kroket** et autres snacks typiques tels que la **frikadel** (sorte de saucisse frite) ou le **kaassoufflé** (snack au fromage). Snacks que l'on peut également "tirer du mur" (**uit de muur trekken**), c'est-à-dire acheter chauds dans les distributeurs automatiques. Les **haringkar** vendent des snacks au poisson, notamment au hareng frais. On dîne tôt, vers 18h30.

Les restaurants sont plus chers qu'en France. Notez qu'on ne vous apporte pas automatiquement de l'eau et du pain comme en France. Il est d'usage de laisser un pourboire. Les cuisines ferment entre 21h et 22h. Il y a une forte présence de restaurants indonésiens (**Indonesisch**), qui proposent une cuisine traditionnelle, ou sino-indonésiens (**Chinees-Indisch**), plus adaptés aux goûts néerlandais. La grande spécialité indonésienne est la **rijsttafel** ("table de riz") composée de petits mets épicés très savoureux. Un peu moins nombreux, les restaurants surinamiens (**Surinaams**) servent notamment les fameux **roti's**, sortes de galettes épicées farcies aux légumes et à la viande.

BOIRE ET MANGER

Les racines bourguignonnes de la Flandre ne sont pas étrangères à la qualité exceptionnelle de sa gastronomie et de ses boissons. Vous pourrez notamment y déguster de délicieux plats régionaux, des fromages belges étonnants et de succulentes pralines.
Pour déjeuner, les Flamands ont plus l'habitude que les Néerlandais de sortir pour manger une salade ou manger italien, mais nombreux sont ceux qui mangent comme eux des sandwichs ou des tartines au bureau. Le dimanche, on aime prendre son temps pour un petit déjeuner ou un brunch copieux, chez soi, entre amis ou à l'extérieur. On achète toutes sortes de petits pains et viennoiseries dans les boulangeries qui restent ouvertes tout le dimanche (ce qui n'est pas le cas aux Pays-Bas).

Chaque village a sa propre friterie (**frietkot**) où l'on va chercher parfois jusqu'à très tard le soir des frites accompagnées d'autres snacks frits ou marinés. On choisit parmi toute une série de sauces à la mayonnaise pour y tremper ses frites.

Pour commencer

addition rekening *ré:kenIng*
apéritif aperitief *apé:ri:ti:f*
bière bier *bi:r*
bouteille fles *flès*
café koffie *kofi:*
café crème koffie met melk *kofi: mèt mèlk*
café au lait koffie verkeerd *kofi: verké:rt*
carafe karaf *ka:raf*
carte kaart *ka:rt*
Coca-cola® cola *ko:la:*
commander bestellen *bestèle(n)*
déjeuner *(nom)* lunch *lunch*
déjeuner *(verbe)* lunchen *lunche(n)*
dessert nagerecht *na:RerèRt*, toetje *toutye*
dîner *(nom)* avondeten *a:vonté:te(n)*
dîner *(verbe)* eten *é:te(n)*
eau gazeuse Spa® rood *Spa: ro:t*, water met prik *wa:ter mèt prIk*
eau minérale mineraalwater *mi:nera:lwa:ter*
eau plate Spa® blauw *Spa: blaou*, water zonder prik *wa:ter zonder prIk*

entrée voorgerecht *vo:rRerèRt*
expresso espresso *èsprèso:*
fromage kaas *ka:s*
jus de fruit *(Né)* vruchtensap *vruRtesap, (Fl)* fruitsap *freuïtsap*
manger eten *é:te(n)*
menu menu *menu:*
petit déjeuner ontbijt *ontbèït*
plat de résistance hoofdgerecht *Ho:ftRerèRt*
pression *(Né)* biertje *bi:rtye, (Fl)* pintje *pIntye*
sandwich broodje *bro:tye*
thé thee *té:*
verre glas *Rlas*
vin rouge/blanc rode/witte wijn *ro:de/wIte wèïn*
vin rosé rosé *ro:sé:*

S'exprimer

on va manger un bout ?
zullen we een hapje gaan eten?
zule(n) we en Hapye Ra:n é:te(n)?

on va boire un verre ?
zullen we iets gaan drinken?
zule(n) we i:ts Ra:n drInke(n)?

on va prendre un café ?
zullen we even koffie drinken?
zule(n) we é:ve kofi: drInke(n)?

est-ce que vous pouvez nous recommander un restaurant ?
kunt u ons een restaurant aanbevelen?
kuntu: ons en rèsto:ran(t) a:nbevé:le(n)?

je n'ai pas très faim
ik heb niet zo'n honger
Ik Hèp ni:t so:n Hong-er

j'ai super faim
ik rammel van de honger
Ik ramel van de Hong-er

s'il vous plaît ! *(pour appeler le serveur)*
Meneer! / Mevrouw!
mené:r! / mevraou!

je voudrais un sandwich au thon, s'il vous plaît
ik wil graag een broodje tonijn
Ik wIl Rra:R en bro:tye tonèïn

j'en reprendrai un autre
nog een keer hetzelfde
noR en ké:r Hetsèlfde

bon appétit !
eet smakelijk!
é:t sma:kelek!

à la tienne/vôtre !
op je/uw gezondheid!
op ye/u:w RezontHèït!

tchin-tchin !
proost!
pro:st!

c'est délicieux
het is *(Né)* verrukkelijk/ *(Fl)* heerlijk
Hetls ferukelek/Hé:rlek

c'était délicieux
het was *(Né)* verrukkelijk/ *(Fl)* heerlijk
Het was ferukelek/Hé:rlek

c'est très gras
het is erg vet
Hetls èrR fèt

c'est trop épicé
het is te scherp
Hetls te sRèrp

j'ai trop bu hier
ik heb gisteren te veel gedronken
Ik Hèp RIsteren te vé:l Redronke(n)

est-ce que vous pourriez apporter un cendrier ?
kunt u een asbak brengen?
kuntu: en asbak brèng-e(n)?

où sont les toilettes, s'il vous plaît ?
waar is het toilet, alstublieft?
wa:r Iset toualèt, alstu:bli:ft?

Comprendre

hier opeten sur place
meenemen à emporter

het spijt me, de keuken gaat om tien uur dicht
désolé, nous ne servons plus après 22 h

Réserver une table

S'exprimer

allô, bonjour, je voudrais réserver une table pour 2 pour demain soir
goedendag, ik wil graag een tafel voor twee personen reserveren voor morgenavond
RoudedaR, Ik wIl Rra:R en ta:fel vo:r twé: perso:ne(n) ré:zèrvé:re(n) vo:r morRena:vont

vers 8 heures
rond een uur of acht
ront en u:r of aRt

vous n'avez pas de table libre plus tôt ?
hebt u niet eerder een tafel vrij?
*Hèpt u: ni:t **é:**rder en t**a:**fel vrèï?*

une table pour 4, s'il vous plaît
een tafel voor vier personen alstublieft
*en t**a:**fel vo:r vi:r pers**o:**ne(n) alstu:bl**i:**ft*

j'ai réservé une table au nom de …
ik heb een tafel gereserveerd op naam van …
*Ik Hèp en t**a:**fel Reré:zèrv**é:**rt op na:m van …*

Comprendre

gereserveerd réservé

hoe laat?
pour quelle heure ?

met hoeveel bent u?
vous êtes combien ?

goedendag, u wilt iets eten?
bonjour, c'est pour manger ?

half negen, schikt u dat?
20h30, ça vous va ?

op welke naam?
c'est à quel nom ?

heeft u gereserveerd?
est-ce que vous avez réservé ?

wij zitten vol, maar als u een kwartiertje wacht komt er een tafel vrij
nous sommes complets mais si vous pouvez attendre un quart d'heure qu' une table se libère

Commander à manger

S'exprimer

qu'est-ce que vous nous recommandez ?
wat kunt u ons aanbevelen?
*wat kuntu: ons **a:**nbevé:le(n)?*

oui, je crois qu'on a choisi
ja, ik denk dat we een keuze hebben gemaakt
*ya:, Ik dènk dat we en k**eu:**ze H**è**be(n) Rem**a:**kt*

non, pas encore
nee, nog niet
né:, noR ni:t

je voudrais …
ik wil graag …
Ik wIl Rra:R …

on va prendre deux menus à 20 euros
we nemen twee menu's van twintig euro
*we **né:**me(n) twé: men**u:**s fan tw**I**nteR **eu**ro:*

pour moi, ça sera … et …
ik neem … en …
Ik né:m … èn ...

… mais sans …
… maar zonder …
*… ma:r z**o**nder ...*

moi, je ne sais pas, c'est quoi "hutspot"?
ik weet het nog niet, wat is dat, hutspot?
*Ik w**é:**tet noR ni:t, wat **I**zdat, H**u**tspot?*

je vais prendre ça alors
oké, dat neem ik
*o:ké:, d**a**t né:m Ik*

quel est le plat du jour ?
wat is de dagschotel?
*watIs de d**a**RsR**o:**tel?*

juste de l'eau (plate), s'il vous plaît
alleen wat water zonder prik graag
*al**é:**n wat w**a:**ter z**o**nder prIk Rra:R*

et une grande carafe d'eau
en een grote karaf water
*èn en Rr**o:**te ka:r**a**f w**a:**ter*

une demi-bouteille de vin rouge
een halve fles rode wijn
*en h**a**lve flès r**o:**de wèïn*

on va partager – est-ce que vous pouvez nous apporter deux assiettes ?
we gaan het delen – kunt u alstublieft twee borden brengen?
*we Ra:net d**é:**len – kuntu: alstu:bl**i:**ft twé: b**o**rde(n) br**è**ng-e(n)?*

ce n'est pas ce que j'ai commandé, j'avais demandé …
dit heb ik niet besteld, ik had … besteld
*d**I**t HèpIk ni:t best**è**lt, Ik Hat … best**è**lt*

est-ce qu'on peut avoir encore du pain ?
kunnen we nog wat brood krijgen?
*k**u**ne(n) we noR wat bro:t kr**èï**Re(n)?*

est-ce que vous pourriez nous apporter une autre carafe d'eau ?
kunt u ons nog een karaf water brengen?
*kuntu: ons noR en ka:r**a**f w**a:**ter br**è**ng-e(n)?*

qu'est-ce que vous avez comme desserts ?
wat heeft u voor nagerechten?
*wat Hé:ftu: vo:r n**a:**RerèRte(n)?*

Comprendre

heeft u al een keuze gemaakt?
vous avez choisi ?

ik kom zo terug
je repasse dans un moment

het is een soort ragout van …
c'est une sorte de ragoût de …

het spijt me, maar we hebben geen … meer
désolé, nous n'avons plus de …

wat wilt u drinken?
et comme boisson ?

wilt u een nagerecht?
désirez-vous un dessert ?

Au café

Les prix sont plus abordables qu'en France. C'est le même prix au comptoir, en salle ou en terrasse. Souvent, il faut aller chercher et payer les boissons au comptoir. Les **bruine café's** ("cafés bruns") constituent une véritable institution : ce sont des lieux très conviviaux. On les dit "bruns", car ils sont décorés de couleurs sombres, de boiseries patinées par les ans, et leurs plafonds et murs témoignent de la consommation de cigarettes de plusieurs générations de clients. On y boit surtout de la bière et du genièvre. Ces dernières années, le phénomène des "grands cafés" s'est développé. Plus spacieux et luxueux, souvent plus chers aussi, ils sont nettement moins conviviaux. Mais on peut y manger à des prix parfois plus intéressants que dans les restaurants.
Au pays de la bière et du genièvre, commandez un **pilsje** (bière de base à la pression) ou bien du **jonge jenever** (genièvre jeune) ou **oude** (vieux), servi dans de petits verres et à boire cul sec.
Les **coffeeshops**, phénomène néerlandais, ne sont en aucun cas à confondre avec des cafés : on n'y sert pas d'alcool mais toutes sortes de haschisch et de marihuana ainsi que des **space cakes** (gâteaux au haschisch).

BOIRE ET MANGER

En Flandre, la brasserie est une tradition ancestrale. Il existe plus de 450 variétés de bières, que l'on boit pour le plaisir de la dégustation. Certaines abbayes productrices de bière (**trappistenbier** ou **abdijbier**) font un fromage du même nom que la bière. La Flandre produit aussi d'excellents genièvres, comme celui de Hasselt, à déguster dans des caves rustiques, et même du vin, produit des vignes du Brabant.

S'exprimer

qu'est-ce que tu prends ?
wat neem jij?
wat né:m yèï?

qu'est-ce que vous prenez ?
wat neemt u?
wat né:mt u:?

je t'offre un verre
ik bied je een drankje aan/*(Fl)* ik trakteer
*Ik b**i:**tye en dr**a**nkye a:n/Ik trakt**é:**r*

non, cette fois c'est pour moi
nee, deze is van mij
*né:, d**é:**ze Is fan m**èï***

je vais prendre …
ik neem …
Ik né:m …

je voudrais …
ik wil graag …
Ik wIl Rra:R …

un Coca-cola® sans glaçons, s'il vous plaît
een Coca-cola® zonder ijs alstublieft
*en ko:ka:k**o:**la: z**o**nder èïs alstu:bl**i:**ft*

un Coca light®, avec beaucoup de glaçons
een Cola light® met veel ijs
*en k**o:**la: l**a:**ït mèt fé:l eïs*

un petit verre de vin blanc sec
een glaasje droge witte wijn
*en Rl**a:**che dr**o:**Re wIte wèïn*

une pression
een *(Né)* biertje/*(Fl)* pintje
*en b**i:**rtye/p**I**ntje*

un café
een koffie
*en k**o**fi:*

un thé avec une rondelle de citron
een thee met een schijfje citroen
*en té: mèt en sR**èï**fye sitr**ou**n*

un thé avec du lait
een thee met melk
en té: mèt mèlk

la même chose pour moi
voor mij hetzelfde
*vo:r mèï Hets**è**lfde*

et un verre d'eau, s'il vous plaît
en een glas water alstublieft
*èn en Rlas w**a:**ter alstu:bl**i:**ft*

une autre pression, s'il vous plaît
nog een *(Né)* biertje/*(Fl)* pintje alstublieft
*noR en b**i:**rtye/p**I**ntye alstu:bl**i:**ft*

c'est sacrément fort comme alcool !
dat is sterk spul!
dat Is stèrk spul!

Comprendre

alcoholvrij	sans alcool
aan de bar	au comptoir
aan tafel	en salle

wat neemt u?
qu'est-ce que vous prenez ?

dit is het rookvrije gedeelte
c'est un espace non-fumeurs, ici

de laatste ronde, we gaan over tien minuten sluiten
veuillez passer votre dernière commande, on ferme dans 10 minutes

Quelques expressions familières

aan de *(Né)* **tap/***(Fl)* **toog** sur le zinc
een glaasje drinken boire un coup
stomdronken zijn être bourré
een kater hebben avoir la gueule de bois

L'addition

S'exprimer

l'addition, s'il vous plaît
de rekening alstublieft
de ré:kenIng alstu:bli:ft

est-ce qu'on peut payer par carte de crédit ?
kunnen we met een *(Né)* creditcard/*(Fl)* kredietkaart betalen?
kune(n) we mèt en krèdItkard/kredi:tka:rt beta:le(n)?

je crois qu'il y a une erreur dans l'addition
ik geloof dat de rekening niet klopt
Ik Relo:f dat de ré:kenIng ni:t klopt

je vous dois combien ?
hoeveel krijgt u van mij?
Houvé:l krèïRtu: van mèï?

le service est-il compris ?
is de bediening inbegrepen?
Izde bedi:nIng InbeRré:pe(n)?

Comprendre

betaalt u alles bij elkaar?
vous réglez tout ensemble ?

LA CUISINE

ⓘ Traditionnellement, le repas du soir se compose d'une viande ou d'un poisson accompagné de légumes et de pommes de terre à l'eau. Il n'y a pas de pain, les pommes de terre remplaçant le pain. Mais les Néerlandais, qui voyagent beaucoup, se laissent de plus en plus inspirer par les cuisines étrangères. La cuisine française est depuis longtemps très appréciée, et les cuisines méditerranéennes sont devenues très en vogue, au restaurant comme à la maison. Le passé colonial a aussi laissé des traces dans la culture alimentaire : certains plats indonésiens comme les **nasi** (riz épicé), les **bami** (nouilles) ou le **saté** (brochettes de viande à la sauce de cacahouètes) sont très courants.

Comprendre

gebakken	sauté
gedroogd	séché
gefrituurd	frit
gegrild	cuit au grill
gekookt	bouilli
gemarineerd	mariné
gepaneerd	pané
geraspt	râpé
gerookt	fumé
geroosterd	rôti
gesmolten	fondu
gesmoord, gestoofd	braisé, à l'étuvée
gevuld	farci
goed doorbakken	bien cuit
goudbruin	doré
in de oven gebraden	cuit au four
in plakjes	en tranches
in stukjes	en morceaux

koud	frais, froid
medium	à point
pikant	épicé
-puree	en purée
rauw	cru
rood	saignant

• soepen soupes

aspergesoep	crème d'asperges
bloemkoolsoep met kaas	crème de chou-fleur au fromage
groentesoep	soupe de légumes
kippensoep	bouillon de poule
koninginnensoep *(Né)*	suprême de volaille
ossenstaartsoep	potage à la queue de bœuf
tomatensoep (met balletjes)	soupe de tomates (aux boulettes de viande)
uiensoep (met croutons)	soupe à l'oignon (aux croûtons)
vissoep	soupe de poisson
witloofsoep *(Fl)*	potage aux endives

• voorgerechten entrées

asperges op zijn Vlaams *(Fl)*	asperges à la flamande (au beurre fondu, œufs durs, persil)
garnalencocktail *(Né)*	salade de crevettes à la mayonnaise
gegratineerde mosselen	moules gratinées
geroosterde sardientjes *(Fl)*	sardines grillées
gevulde tomaten met garnalen *(Fl)*	tomates farcies aux crevettes et à la mayonnaise
waldorfsalade *(Né)*	salade aux pommes, céleri-rave et noix, et parfois poulet et raisins secs
Zeeuwse oesters	huîtres de Zélande

hoofdgerechten plats de résistance

ℹ Le *(Né)* **stamppot**/*(Fl)* **hutsepot** est un plat traditionnel très copieux, que l'on mange plutôt l'hiver. C'est une purée de pommes de terre mélangée à des légumes, et parfois à de la viande.

andijviestamppot *(Né)*	purée de pommes de terre et de chicorée
balkenbrij *(Né)*	plat préparé avec des abats, de la farine de sarrasin et des raisins secs
boerenkool met worst *(Né)*	purée de pommes de terre et de chou frisé et saucisse fumée
hazenpeper *(Né)*	lièvre braisé aux fines herbes, poivre et vinaigre
gebakken sliptongetjes	petites soles poêlées
Gentse waterzooi *(Fl)*	bouillon très léger aux petits légumes, pommes de terre et poulet
hutspot met klapstuk *(Né)*	purée de pommes de terre aux carottes, oignons et au plat de côtes
konijn op Vlaamse wijze *(Fl)*	lapin à la bière lambic, lardons, oignons, carottes et céleri
Mechelse koekoek *(Fl)*	poulet cuit dans un récipient en argile
paling in 't groen *(Fl)*	anguille aux fines herbes
stoofvlees	ragoût de bœuf (en Flandre, mijoté dans de la bière)
Texels lamsfilet *(Né)*	filet d'agneau de l'île de Texel
varkenshaasje *(Né)*	filet de porc
waterzooi *(Fl)*	bouillon très léger aux petits légumes, pommes de terre et poisson et/ou moules et/ou crevettes
wienerschnitzel	escalopes de veau panées
witlof met ham en kaas	endives au jambon et au fromage, au four

witte asperges met aardappelen, ham, ei en gesmolten boter *(Né)*	asperges blanches aux pommes de terres, jambon, œufs durs et beurre fondu
Zeeuwse mosselen met friet	moules de Zélande avec des frites
zuurkool met spek *(Né)*	purée de pommes de terre, choucroute et lardons

• groenten of bijgerechten accompagnements

bloemkool met bechamelsaus	chou-fleur à la béchamel
erwtjes en worteltjes	petits pois et carottes
kapucijners met spek *(Né)*	pois gris (capucins) aux tranches de lard
rode bieten met appel	betterave rouge aux pommes
rode kool met spek *(Fl)*	chou rouge aux tranches de lard
spruitjes	choux de Bruxelles

• nagerechten en taarten desserts et gâteaux

appeltaart (met slagroom)	tarte aux pommes (à la crème Chantilly)
chipolatapudding *(Né)*	entremets aux biscuits à la cuiller parfumé à la liqueur
drie in de pan *(Né)*	petites crêpes épaisses aux fruits
griesmeelpudding met bessensap *(Né)*	gâteau de semoule au coulis de groseilles
Haagse bluf *(Né)*	blancs d'œufs en neige au coulis de groseilles
kriekentaart *(Fl)*	tarte aux griottes
Lierse vlaaikes *(Fl)*	tartelettes aux prunes
Limburgse vlaai *(Né)*	tarte limbourgeoise aux fruits
stoofpeertjes	poires cuites aux épices
watergruwel *(Né)*	entremets sucré à base d'orge, de raisins secs et de jus de groseilles
(Né) **wentelteefjes/** *(Fl)* **gewonnen brood**	pain perdu (aux Pays-Bas, à la canelle)

zoetigheid confiseries

Vers 11h, les Néerlandais prennent un café accompagné d'une sucrerie ou de gâteaux. L'après-midi, ils prennent le thé vers 16h.

Antwerpse handjes *(Fl)*	biscuits en forme de main
(Fl) **babelutten/***(Né)* **boterbabbelaars**	caramels durs au beurre
borstplaat *(Né)*	sorte de bonbon fondant que l'on mange au moment des fêtes de fin d'année
Brusselse wafels *(Fl)*	gaufres au sucre glace
drop *(Né)*	réglisse (il en existe toute une variété : sucrée, salée, moelleuse, dure etc.)
Gentse mokken *(Fl)*	petits gâteaux ronds au sirop
Haagse hopjes *(Né)*	bonbons durs au caramel et au café
kletskoppen	galettes fines au beurre, amandes et noisettes
krakelingen *(Né)*	pâte feuilletée sucrée en forme de huit
marsepein	(figures en) pâte d'amandes
oliebollen *(Né)*/ **smoutebollen** *(Fl)*	beignets soufflés saupoudrés de sucre glace (spécialité du réveillon du jour de l'an)
pannenkoeken	crêpes (plus épaisses qu'en France)
pepernoten *(Né)*	petits biscuits ronds aux épices (nonnettes)
poffertjes *(Né)*	toutes petites crêpes au sucre glace
pralines *(Fl)*	pralines
speculaas	biscuits aux épices, spéculoos
stroopwafels *(Né)*	gaufrettes à la mélasse
tompoes	sorte de mille-feuille

● belegde broodjes petits pains

broodje filet americain	sandwich tartare et épices
broodje filet d'Anvers *(Fl)*	sandwich à la viande de cheval fumée
broodje filet de Saxe *(Fl)*	sandwich à la viande de bœuf salée
broodje fricandeau *(Né)*	sandwich à la noix de veau ou porc
broodje halfom *(Né)*	sandwich au petit salé et au foie
broodje jonge/oude kaas *(Né)*	sandwich au fromage hollandais jeune/vieux
broodje krabsalade	sandwich au crabe et à la mayonnaise
broodje kroket	sandwich aux croquettes de viande
broodje pekelvlees *(Né)*	sandwich au petit salé
broodje vleessla *(Fl)*	sandwich à la salade, au jambon et à la mayonnaise
broodje martino *(Fl)*	sandwich tartare, oignons, cornichons, moutarde, ketchup et sauce piquante

● snacks sur le pouce

bitterballen	boulettes frites de viande hachée
frikadel	saucisse de porc frite
gebakken bokking	hareng saur sauté
gebakken kibbeling	morceaux de cabillaud sautés
gerookte paling	anguille fumée
kroketten	croquettes de viande
maatjesharing	hareng jeune et frais
nieuwe haring	hareng frais de la nouvelle pêche
patat(je) met	frites avec mayonnaise
patat(je) oorlog	frites avec mayonnaise et sauce aux cacahouètes
patat(je) speciaal	frites avec mayonnaise, ketchup et oignons
rolmops	hareng roulé au vinaigre et aux fines herbes
saucijzenbroodje	petit pain feuilleté à la saucisse

de Indonesische keuken la cuisine indonésienne

ℹ L'Indonésie étant une ancienne colonie néerlandaise, la cuisine indonésienne est répandue aux Pays-Bas. C'est une cuisine assez pimentée et très parfumée. Le plat typique est la **rijsttafel** (table de riz, un ensemble de petit mets différents apportés en même temps).

babi ketjap	porc sauté à la sauce de soja légèrement sucrée
bami goreng	nouilles indonésiennes sautées, aux légumes et aux épices
gadogado	légumes aux œufs, tofu et sauce de cacahouètes
kipsaté	brochette de poulet à la sauce de cacahouètes
kroepoek	beignets de crevettes ou de crabe
nasi goreng	riz sauté aux légumes et aux épices, et œuf sur le plat
sambal	sauce piquante à base de piments
sayur lodeh	plat de légumes et au lait de noix de coco
spekkoek	gâteau indonésien aux œufs et épices

Glossaire de l'alimentation

aalbes groseille
aardappel pomme de terre
aardappelpuree purée de pommes de terre
aardbei fraise
abdijbier bière d'abbaye
abrikoos abricot
advocaat liqueur épaisse à base d'eau-de-vie, d'œufs et de sucre
alcohol alcool
alcoholvrij sans alcool
amandel amande
amandelspijs pâte d'amandes
amandelstaaf pâte feuilletée oblongue à la pâte d'amandes
andijvie chicorée
ansjovis anchois
appel pomme

appelflap chausson aux pommes
appelmoes compote de pommes
appelsap jus de pommes
appelsien *(Fl)* orange
artisjok artichaut
augurk cornichon
avocado avocat
azijn vinaigre
baars perche
banaan banane
basilicum basilic
beschuit biscotte ronde
bessenjenever genièvre de cassis
biefstuk steak de bœuf
biefstuk van de haas filet de bœuf
bier bière
bieslook ciboulette
biet betterave
bittergarnituur *(Né)* plateau d'amuse-gueules
bladerdeeg pâte feuilletée
blauwe kaas bleu (fromage)
bleekselderij céleri en branches
bloedworst boudin noir
bloemkool chou-fleur
boerenjongens *(Né)* eau-de-vie avec des raisins secs
boerenkool chou frisé
boerenmeisjes *(Né)* eau-de-vie avec des abricots secs
bolletje petit pain rond
bonbon *(Né)* petit chocolat, praline
bosbessen myrtilles
boter beurre
boterham tartine
boterkoek gâteau pur beurre
bramen mûres
brandewijn eau-de-vie
brood pain
broodje petit pain
bruin brood pain complet
bruine bonen haricots rouges
cantharellen chanterelles
cashewnoot noix de cajou
champignon champignon de Paris
chocolade chocolat
chocolademelk chocolat au lait
chocoladepasta crème à tartiner au chocolat
citroen citron
confituur *(Fl)* confiture
dadel datte
dagschotel plat du jour
dagspecialiteit spécialité du jour
deeg pâte
dille aneth
doperwtjes petits pois
dragon estragon
drop réglisse
druif raisin
druivensap jus de raisin
duif pigeon
Edammer kaas fromage d'Edam
eekhoorntjesbrood cèpes
eend canard
eendenborst magret de canard
ei, eieren œuf, œufs
eikensla salade feuille-de-chêne
entrecote entrecôte
erwt petit pois

fazant faisan
filet filet
filet d'Anvers *(Fl)* viande de cheval fumée
filet de Saxe *(Fl)* viande de bœuf salée
flensje crêpe fine (à la bretonne)
forel truite
framboos framboise
Friese nagelkaas fromage frison aux clous de girofle et au cumin
friet frites
frisdrank boisson non-alcoolisée
fruit fruits
gamba's gambas
gans oie
garnaal crevette
gebak pâtisserie
gebakken ei œuf sur le plat
gehakt viande hachée
gehaktbal boulette de viande hachée
geitenkaas fromage de chèvre
gekookt ei œuf dur
gember gingembre
gerookte zalm saumon fumé
gestampte muisjes *(Né)* granulés à l'anis qu'on mange sur des tartines ou biscottes beurrées
gevogelte volaille
Goudse kaas fromage de Gouda
graanjenever genièvre
granen céréales
grapefruit *(Né)* pamplemousse
grapefruitsap *(Né)* jus de pamplemousse
griet barbue
groente légumes
haas lièvre
hagelslag granulés au chocolat
ham jambon
hardgekookt ei œuf dur
haring hareng
hazelnoot noisette
hazenrug râble de lièvre
heilbot flétan
hert cerf
hete bliksem *(Né)* compote de pommes et de pommes de terre
Hollandse garnalen petites crevettes grises
honing miel
hopbier bière au houblon
huiswijn vin de la maison
ijs glace, glaçon
ijsbergsla laitue iceberg
inktvis seiche
jam confiture
jenever genièvre
jonge jenever genièvre jeune
jus sauce au jus de viande
kaas fromage
kaasfondue fondue au fromage
kabeljauw cabillaud, morue fraîche
kalfsoesters médaillons de veau
kalfsschenkel jarret de veau
kalfsschnitzel escalope de veau
kalfsvlees veau
kalfszwezerik ris de veau
kalkoen dinde
kaneel cannelle
kappertjes câpres
kapucijners pois gris
karamel caramel
karnemelk lait caillé

karper carpe
kastanje chataîgne, marron
kaviaar caviar
kebab chiche-kebab
kerrie curry
kers cerise
kerststol gâteau de Noël aux raisins secs et à la pâte d'amandes
kervel cerfeuil
ketjap sauce de soja
ketjap manis sauce de soja indonésienne légèrement sucrée
kikkerwten pois chiche
kip poulet
kipfilet blanc de poulet
kippenlever foie de poulet
knakworst sorte de saucisse de Francfort
knoflook ail
knolselderij céleri-rave
koekje biscuit
koffie café
koffiemelk lait condensé
koffieroom lait condensé (plu crémeux)
koffie verkeerd café au lait
kokos(noot) (noix de) coco
komijn cumin
komijnenkaas (*Né*) fromage au cumin
komkommer concombre
konijn lapin
kool chou
koolraap chou-rave
koriander coriandre
krab crabe
krabbetjes travers de porc marinés et grillés
kreeft homard
krent raisin de Corinthe
krentenbol petit pain rond aux raisins secs
krentenbrood pain aux raisins
kroket croquette
kruiden fines herbes
kruidenthee tisane
kruidnagel clou de girofle
kruisbes groseille à maquereau
kwark fromage blanc
kwartel caille
lam agneau
lamsbout gigot d'agneau
lamskoteletjes côtelettes d'agneau
lamsvlees agneau
Leidse kaas fromage de Leyde
lekkerbekje églefin frit
lente-uitje oignon nouveau
lever foie
likeur liqueur
limoen citron vert
limonade sirop
linzen lentilles
loempia variété de nem
lychee litchi
makreel maquereau
mandarijn mandarine
mango mangue
marjolein marjolaine
meel farine
melk lait
melkbrood *(Fl)* pain au lait
melkchocolade chocolat au lait
meloen melon
menu van de dag menu du jour

mie nouilles chinoises/indonésiennes
mierikswortel raifort
mineraalwater eau minérale
mosselen moules
mosterd moutarde
muisjes (*Né*) granulés d'anis qu'on mange sur des tartines ou biscottes beurrées
munt menthe
niertjes rognons
nootmuskaat noix de muscade
oester huître
oesterzwam pleurote
olie huile
olijf olive
olijfolie huile d'olive
ontbijt petit déjeuner
ontbijtkoek *(Né)* pain d'épice
oregano origan
ossenhaas filet de bœuf
oude jenever vieux genièvre
paddenstoel champignon
paling anguille
paprika poivron
parelhoen pintade
parmaham jambon de Parme
Parmezaanse kaas parmesan
passievrucht fruit de la passion
pasta pâtes
pasteitje vol-au-vent
peer poire
pens *(Fl)* boudin
peper poivre
peperkoek *(Fl)* pain d'épice
perzik pêche
peterselie persil
peultjes mange-tout
picolo *(Fl)* petit pain allongé
pijnboompit pignon
pils(je) bière à la pression
pinda cacahouète
pindakaas beurre de cacahouètes
pistache pistache
pistolet *(Fl)* petit pain rond
platte kaas *(Fl)* fromage blanc
poedersuiker sucre glace
pompelmoes *(Fl)* pamplemousse
pompelmoessap *(Fl)* jus de pamplemousse
pompoen potiron
port porto
postelein pourpier
prei poireau
pruim prune
pudding crème épaisse, entremets
pure chocolade chocolat noir
rabarber rhubarbe
radijs radis
ragout ragoût
ree chevreuil
reerug selle de chevreuil
rietsuiker sucre de canne
rijst riz
rivierkreeftjes écrevisses
rode bieten betteraves
rode kool chou rouge
rode poon rouget
rode wijn vin rouge
roerei œufs brouillés
rog raie
roggebrood pain de seigle

roggeverdommeke (*Fl*) pain de seigle aux raisins
rollade rôti
rookkaas fromage dur fumé
rookvlees viande de bœuf fumée et séchée
room crème
roomijs crème glacée
rosbief rosbif
rosé vin rosé
rozemarijn romarin
rozijn raisin sec
rucola roquette
rum rhum
rundergehakt viande de bœuf hachée
runderlapjes morceaux de bœuf
runderrollade rôti de bœuf
rundvlees bœuf
saffraan safran
salie sauge
sardientjes sardines
satésaus sauce à la cacahouète
saus sauce
schaaldieren crustacés
schelvis églefin
schnitzel escalope
schol(filet) plie
schorseneren salsifis
selderie céleri
sesam sésame
sherry xérès
sinaasappel orange
sinaasappelsap jus d'orange
sint-jakobsschelpen coquilles Saint-Jacques
sjalotje échalote
sla laitue
slagroom crème Chantilly
slagroomsoesjes choux à la crème Chantilly
slakken escargots
sliptong petite sole
smeerkaas fromage à tartiner
snijbonen haricots coco
snoek brochet
snoekbaars sandre
snoep bonbons
soep potage, soupe
sojasaus sauce au soja
Spaanse peper piment
spareribs travers de porc marinés et grillés
speenvarken cochon de lait
spek lard
spekjes lardons
sperziebonen haricots verts
spinazie épinards
spritsen biscuits sablés
sprot sprat
spruitjes choux de Bruxelles
stokbrood baguette
stokvis stockfisch, morue séchée
stoofschotel plat mijoté
stroop mélasse
suiker sucre
taart gâteau, tarte
tarbot turbot
tartaar steak tartare
taugé germes de soja
thee thé
tijm thym
tomaat tomate
tomatensap jus de tomates
tong sole

tonic Schweppes®
tonijn thon
tosti met ham en kaas sorte de croque-monsieur
tournedos tournedos
truffel truffe
tuinboon fève
ui oignon
uitsmijter toast aux œufs au plat et au jambon
vanillevla crème dessert à la vanille
varkenskarbonaadjes côtelettes de porc
varkensvlees porc
vegetarisch végétarien
veldsla mâche
venkel fenouil
vers frais
vijg figue
vis poisson
vla crème dessert
vlaai tarte (aux fruits)
vlees viande
volle melk lait entier
vrucht fruit
vruchtensap jus de fruits
wafel gaufre
walnoot noix
warme chocolademelk chocolat chaud
water eau
waterkers cresson
watermeloen pastèque
wijn vin
wijnazijn vinaigre de vin
wijnkaart carte des vins
wijting merlan
wild gibier
wild zwijn sanglier
wit bier bière blanche
wit brood pain blanc
witlof endives
witte bonen haricots blancs
witte chocolade chocolat blanc
witte kool chou blanc
witte peper poivre blanc
witte wijn vin blanc
worst terme générique désignant saucisses et saucissons
wortel carotte
yoghurt yaourt
zalm saumon
zalmforel truite saumonée
zeeduivel lotte
zeewolf loup de mer
zoet sucré, doux
zoetzuur aigre-doux
zout sel
zure bommen gros cornichons
zure room crème fraîche légèrement aigre
zure zult museau vinaigrette
zuurkool choucroute
zwaardvis espadon
zwarte peper poivre noir
zwezerik ris

SORTIR

Pour obtenir des informations sur les concerts, pièces de théâtre, expos, films et discothèques à Amsterdam, consultez le journal gratuit *Uitkrant* ou les pages culturelles des journaux, en particulier le **filmladder** pour les films. À Bruxelles, le guide culturel s'appelle *Le Kiosque*. Vous pouvez également vous adresser aux offices de tourisme, les *V V V-kantoren*. Celui d'Amsterdam est situé près de la gare centrale.

Les jeunes vont beaucoup en discothèque. Les boîtes de nuit sont moins chères qu'en France, et le prix des consommations y est à peu près équivalent à celui pratiqué dans les cafés. L'ambiance ne commence à "chauffer" qu'à partir de minuit, voire une heure de matin. Avant, on se retrouve souvent au café. La jeunesse est très friande de musique anglo-saxonne et de techno. De manière générale, la culture anglo-américaine domine le paysage culturel aux Pays-Bas et en Flandre.

L'existence des légendaires coffee-shops ne doit pas induire en erreur sur la législation néerlandaise en matière de drogue : si la consommation de drogue ne constitue pas un délit, en revanche la loi néerlandaise interdit l'importation, l'exportation, la vente, la production ou la fabrication de drogues douces ou dures. La vente de drogues "douces" n'est tolérée que dans les coffee-shops. Elle ne doit pas dépasser plus de 5g par personne et par transaction, et est interdite aux moins de 18 ans, qui n'ont d'ailleurs pas le droit d'entrer dans les coffee-shops.

Les films étrangers sont toujours en VO sous-titrée en néerlandais (et français en Flandre). Dans les grandes villes, les **filmhuizen** ("maisons du cinéma") proposent des films moins commerciaux et pas seulement américains.

Si vous êtes invité chez des Néerlandais, soyez à l'heure : ils n'apprécient guère les retardataires. Il est d'usage d'apporter des fleurs ou une bouteille de vin.

Pour commencer

bar	café *ka:**fé:***, bar *bar*
boîte de nuit	disco(theek) *dIsko:**té:**k*, *(Fl)* dancing ***dè**nsIng*
cinéma	*(genre)* film *fIlm*
cinéma	*(lieu)* bioscoop *bi:osk**o:**p*, *(Fl)* cinema *s**i:**nema:*
cirque	circus *s**I**rkus*
concert	concert *kons**è**rt*
danse classique	klassiek ballet *klas**i:**k bal**è**t*
danse contemporaine	moderne dans *mo:**dè**rne dans*
festival	festival ***fè**sti:val*
fête	feest *fé:st*
film	film *fIlm*
folklorique	folkloristisch *folklo:r**I**sti:s*
groupe	*(de musique)* groep, band *Rroup, bènt*
musique classique/ traditionnelle	klassieke/traditionele muziek *klas**i:**ke / tradi:tion**é:**le muz**i:**k*
publicités	reclame *rekl**a:**me*
réserver	reserveren *ré:zèrv**é:**re(n)*
soirée	*(organisée)* feestje ***fé:**che*
sortir	uitgaan ***euï**tRa:n*
spectacle	voorstelling *v**o:**rstèlIng*
théâtre	*(genre)* toneel *ton**é:**l*
théâtre	*(lieu)* theater *té:**a:**ter*, schouwburg *sR**aou**burR*
ticket	kaartje *k**a:**rtye*
VO sous-titrée	met ondertitels *mèt **o**nderti:tels*

Proposer, inviter

S'exprimer

où est-ce qu'on peut aller ?
waar kunnen we naar toe gaan?
*wa:r **ku**ne(n) we na:rt**ou** Ra:n?*

on va prendre un verre ?
zullen we iets gaan drinken?
***zu**le(n) we i:ts Ra:n dr**I**nke(n)?*

qu'est-ce que tu veux/vous voulez faire ?
wat wil je/ wilt u doen?
wat wIl ye/u: doun?

qu'est-ce que tu fais/vous faites ce soir ?
wat doe je/ doet u vanavond?
*wat dou ye/u: van**a:**vont?*

ça te/vous dit de … ?
heb je/ hebt u zin om …?
Hèp ye/u: zIn om …?

tu as quelque chose de prévu ?
heb je al iets te doen?
Hèp ye al i:ts te doun?

on pensait aller à …
we dachten eigenlijk naar … te gaan
*we d**a**Rte(n) **èï**Relek na:r … te Ra:n*

aujourd'hui je ne peux pas mais un autre jour si tu veux
vandaag kan ik niet, maar ik wil wel graag een andere keer
*vand**a:**R kan Ik ni:t, ma:r Ik wIl wèl Rra:R en **a**ndere ké:r*

je ne suis pas sûr de pouvoir
ik weet niet zeker of ik kan
*Ik wé:t ni:t s**é:**ker of Ik kan*

avec plaisir
heel graag
Hé:l Rra:R

Se retrouver

S'exprimer

ce serait pas possible de se retrouver un peu plus tard ?
kunnen we niet iets later afspreken?
*k**u**ne(n) we ni:t i:ts l**a:**ter **a**fspré:ke(n)?*

je dois rejoindre … à 9 heures
ik heb om negen uur met … afgeproken
*Ik Hèp om n**é:**Re(n) u:r mèt … **a**fRespro:ke(n)*

on se retrouve à quelle heure ?
hoe laat spreken we af?
*Houla:t spr**é:**ke(n) we af?*

on se retrouve où ?
waar spreken we af?
*wa:r spr**é:**ke(n) we af?*

je ne sais pas où c'est mais je trouverai sur la carte
ik weet niet waar dat is, ik vind het vast wel op de kaart
Ik wé:t ni:t wa:r dat Is, Ik fInt Het fast wèl op de ka:rt

je vous rejoindrai plus tard, il faut que je passe à l'hôtel d'abord
ik kom later, ik moet eerst nog even langs het hotel
*Ik kom l**a**:ter, Ik mout é:rst noR **é:**ven langs Het H**o:**tèl*

tu auras mangé avant ?
heb je dan al gegeten?
*H**è**pye dan al ReR**é:**te(n)?*

désolé d'être en retard
sorry dat ik te laat ben
*s**o**ri: dat Ik te la:t bèn*

Comprendre

heb je daar zin in?
est-ce que ça te va ?

ik haal je om een uur of acht op
je passerai te chercher vers 8 heures

we ontmoeten elkaar daar
on se rejoint directement là-bas

we ontmoeten elkaar voor …
on se retrouve devant …

ik geef je mijn nummer, bel me morgen maar
je vais te donner mon numéro, tu n'as qu'à m'appeler demain

Quelques expressions familières

een glaasje drinken prendre un pot
een hapje eten manger un bout
een kroegentocht doen faire la tournée des bars

Cinéma, spectacles, concerts

S'exprimer

est-ce qu'il y a un guide des spectacles ?
is er een uitkrant?
*Iser en **euï**tkrant?*

je voudrais 3 places pour …
ik wil graag drie plaatsen voor …
*Ik wIl Rra:R dri: pl**a:**tse(n) vo:r …*

2 tickets, s'il vous plaît
twee kaartjes alstublieft
*twé: k**a:**rtyes alstu:bl**i:**ft*

je l'ai déjà vu en France, c'est pas mal
ik heb hem al in Frankrijk gezien, hij is wel goed
*Ik Hèp Hèm al In fr**a**nkrèïk Rez**i:**n, Hèï Is wèl Rout*

j'en ai entendu parler, il paraît que c'est …
ik heb erover gehoord, het schijnt … te zijn
*Ik Hèp èr**o:**ver ReH**o:**rt, Het sRèïnt … te zèïn*

j'ai vu la bande-annonce, ça a l'air …
ik heb de trailer gezien, het lijkt me …
*Ik Hèp de tr**é:**ler Rez**i:**n, Het lèïkt me …*

ça s'appelle …
dat heet …
dat Hé:t …

à quelle heure est le film ?
hoe laat begint de film?
*Houla:t beR**I**nt de fIlm?*

je vais passer voir s'il reste des places
ik ga langs om te kijken of er nog plaatsen zijn
*Ik Ra: langs om te k**èï**ke(n) of er noR pl**a:**tse(n) zèïn*

est-ce qu'il faut réserver à l'avance ?
moet je van tevoren reserveren?
*m**ou**tye van tev**o:**re(n) ré:zèrv**é:**re(n)?*

ça joue jusqu'à quand ?
hoe lang wordt het stuk nog gespeeld?
*Houlang wort Het stuk noR Resp**é**:lt?*

est-ce qu'il reste des places un autre jour ?
zijn er nog plaatsen op een andere dag?
*z**èï**ner noR pl**a:**tse(n) op en **a**ndere daR?*

j'aimerais bien aller à un concert dans un café ou quelque chose comme ça
ik zou graag naar een live-optreden in een café gaan of zoiets
*Ik saou Rra:R na:r en l**a:**ïf-optré:de(n) In en kaf**é:** Ra:n of s**o:**i:ts*

est-ce qu'il y a des concerts gratuits ?
zijn er gratis concerten?
*zèïn er Rr**a:**tIs kons**è**rte(n)?*

c'est quel genre de musique ?
wat voor soort muziek is dat?
wat fo:r so:rt mu:zi:k Iz dat?

je n'aime pas beaucoup ce type de musique
ik hou niet zo van dit soort muziek
Ik Haou ni:t so: van dIt so:rt mu:zi:k

Comprendre

bis! — une autre ! *(chanson)*
filmhuis — cinéma d'art et d'essai
kaartverkoop — billetterie
kassucces — grosse production
matinee — matinée *(au théâtre)*
plaats met beperkt zicht — place sans visibilité
premiere op ... — sortie le ...
reserveringen — réservations

er is een concert in de kerk
il y a un concert de musique classique dans l'église

het is een openluchtconcert
c'est un concert en plein air

dat komt volgende week uit
ça sort la semaine prochaine

de recensies zijn heel goed
il y a de très bonnes critiques

het is uitverkocht tot ...
c'est complet jusqu'au ...

hij begint om acht uur in Cinecenter
ça joue à 8 heures au Cinecenter

er zijn geen kaartjes meer voor deze voorstelling
il n'y a plus de places pour cette séance

u kunt het best een kwartier van te voren te komen
il est conseillé de venir un quart d'heure avant

plaatsen worden een half uur voor de voorstelling aan de deur verkocht
les places sont vendues à l'entrée, une demi-heure avant le spectacle

je hoeft niet van te voren te reserveren
ce n'est pas la peine de réserver à l'avance

inclusief de pauze duurt het stuk anderhalf uur
la pièce dure une heure et demie avec entracte

gelieve uw mobiele telefoon uit te zetten
prière d'éteindre votre portable

Fétes, soirées, discothèques

S'exprimer

j'organise une petite soirée pour mon départ
ik geef een afscheidsfeestje
*Ik Ré:f en **a**fsRèïtsfé:che*

est-ce qu'il faut apporter quelque chose à boire ?
moeten we iets te drinken meenemen?
*m**ou**te(n) we i:ts te drI**I**nke(n) m**é:**né:me(n)?*

on pourrait aller en boîte après
we kunnen daarna wel naar een disco(theek)/Fl) dancing gaan
*we k**u**ne(n) da:rn**a:** wèl na:r en dIsko:(t**é:**k)/d**è**nsIng Ra:n*

l'entrée est payante ?
moet je entree betalen
*mout ye antr**é:** bet**a:**le(n)?*

tu viens souvent ici ?
kom je hier vaak?
kom ye Hi:r va:k?

je dois retrouver quelqu'un à l'intérieur
ik moet binnen iemand ontmoeten
*Ik mout b**I**ne(n) **i:**mant ontm**ou**te(n)*

vous me laisserez entrer quand je reviendrai ?
laat u me weer naar binnen wanneer ik terugkom?
*la:t u: me wé:r na:r b**I**ne(n) wan**é:**r Ik ter**u**Rkom?*

merci, mais je suis avec mon copain
bedankt, maar ik ben hier met mijn vriend
*bed**a**nkt, ma:r Ik bèn Hi:r mèt men vr**i:**nt*

je danse comme un pied
ik kan echt niet dansen
*Ik kan **è**Rt ni:t d**a**nse(n)*

non merci, je ne fume pas
nee bedankt, ik rook niet
*né: bed**a**nkt, Ik ro:k ni:t*

SORTIR

Comprendre

garderobe	vestiaire
gratis consumptie	conso gratuite
in de openlucht	en plein air
kermis	fête foraine

er is een feestje bij …
il y a une soirée chez …

wil je dansen?
tu veux danser ?

wil je iets drinken?
je t'offre quelque chose à boire ?

er is een ruimte met discomuziek en een ruimte met Zuid-Amerikaanse muziek
il y a une salle disco et une autre latino

heb je misschien een vuurtje?
est-ce que tu aurais du feu ?

heb je misschien een sigaret?
est-ce que tu aurais une cigarette ?

kunnen we elkaar nog een keer zien?
on peut se revoir ?

mag ik je naar huis brengen?
je peux te raccompagner ?

VISITES TOURISTIQUES

Vous trouverez auprès des offices de tourisme, signalés par les initiales **VVV** (**Vereniging voor Vreemdelingenverkeer**) ou **i**, toutes les informations sur les curiosités, attractions et manifestations culturelles, ainsi que des cartes pour vous déplacer à pied, en vélo ou en voiture et des listes de restaurants et d'hôtels. Les **VVV** sont également utiles pour réserver une chambre (y compris pour une autre ville) et acheter des billets pour les spectacles. Ils sont en principe ouverts de 9h à 17h, et le samedi de 10h à 12h.

Les musées sont très nombreux aux Pays-Bas. Ils ouvrent en général entre 10h et 17h. Ils sont tous fermés le 1er janvier, et certains également le 25 décembre et le 27 avril, jour de l'anniversaire du Roi. La documentation n'est pas toujours disponible en français, mais l'est presque partout en anglais.

En Flandre, les visites touristiques les plus agréables et enrichissantes sont les promenades dans les anciens centres-villes qui sont comme des musées ouverts, à découvrir à pied ou au rythme des trams. Des guides diplômés sont à la disposition du public pour des promenades guidées. C'est un excellent moyen pour apprendre le riche passé des villes d'art flamandes. Les musées sont pour la plupart payants et les heures d'ouverture très variables : renseignez-vous avant. Les 26 décembre et 2 janvier sont également considérés comme des jours fériés. La documentation est toujours disponible en français.

Dans les deux pays, les églises ne se visitent pas pendant les offices, et ferment souvent entre 12h et 14h. Leur accès est gratuit.

Pour commencer

ancien	oud *aout*
art moderne/ contemporain	moderne/hedendaagse kunst *mo:dèrne/Hé:denda:Rse kunst*
cathédrale	kathedraal *katé:dra:l*
centre-ville	centrum *sèntrem*
château	kasteel *kasté:l*
église	kerk *kèrk*
exposition	tentoonstelling *tènto:nstèlIng*
guide *(personne)*	gids *RIts*
musée	museum *mu:zé:um*
office de tourisme	VVV-kantoor *vé:vé:vé:kanto:r*
parc	park *park*
peinture	schilderkunst *sRIlderkunst*
quartier	buurt *bu:rt*
siècle	eeuw *é:ouw*
tableau	schilderij *sRIlderèï*
touristique	toeristisch *tourIsti:s*

S'exprimer

je voudrais avoir des renseignements sur …
ik wil graag wat informatie over …
Ik wIl Rra:R wat Informa:tsi: o:ver …

où est-ce que je peux trouver des informations sur … ?
waar kan ik informatie vinden over …?
wa:r kan Ik Informa:tsi: vInde(n) o:ver …?

est-ce que vous auriez un plan de la ville ?
heeft u een *(Né)* plattegrond van de stad/*(Fl)* stadsplan?
Hé:ft u: en plateRront fan de stat/statsplan?

vous pouvez me montrer où c'est sur le plan ?
kunt u mij op *(Né)* de plattegrond/*(Fl)* het stadsplan aanwijzen waar dat is?
kuntu: mèï op de plateRront/Het statsplan a:nwèïze(n) wa:r datIs?

comment on y va ?
hoe komen we daar?
*Hou k**o**:me(n) we da:r?*

c'est gratuit ?
is het gratis?
*Iset Rr**a**:tls?*

quand est-ce que ça a été construit ?
wanneer is dit gebouwd?
*wan**é**:r Izdlt Reb**aou**t?*

Comprendre

geopend	ouvert
gesloten	fermé
gotisch	gothique
middeleeuws	médiéval
open	ouvert
oude stad	vieille ville
romaans	roman
rondleiding	visite guidée
u bevindt zich hier	vous êtes ici *(sur un plan)*
vrije toegang	entrée libre

u moet zich ter plaatse informeren
il faut vous renseigner sur place

de kapel dateert uit de dertiende eeuw
la chapelle date du XIIIe siècle

veel huizen zijn in de Middeleeuwen gebouwd
plusieurs maisons remontent au Moyen-Âge

Musées, expositions et monuments

S'exprimer

combien coûte l'entrée ?
hoeveel is de entrée?
*Houvé:l Izde antr**é**:?*

j'ai cette carte de mon université
ik heb deze studentenkaart
*Ik Hèp d**é**:ze stu:d**è**nte(n)ka:rt*

le ticket est valable aussi pour l'exposition ?
is het kaartje ook geldig voor de tentoonstelling?
*Iset k**a:**rtye o:k R**è**ldeR fo:r de tènt**o:**nstèlIng?*

est-ce qu'il y a des réductions pour les jeunes ?
is er korting voor jongeren?
*Iser k**o**rtIng vo:r y**o**ng-ere(n)?*

est-ce que c'est ouvert le dimanche ?
is het op zondag open?
*Iset op s**o**ndaR **o:**pen?*

2 tarifs réduits et un plein tarif
twee met korting en één normaal tarief
*tw**é:** mèt k**o**rting èn **é:**n norm**a:**l ta:r**i:**f*

à quelle heure est la prochaine visite guidée ?
hoe laat is de volgende rondleiding?
*Houla:t Izde v**o**lRende r**o**ntlèïdIng?*

combien dure la visite ?
hoe lang duurt de rondleiding?
*Houlang du:rt de r**o**ntlèïdIng?*

Comprendre

audiotour	audiophone
kaartverkoop	billetterie
looprichting	sens de la visite
permanente tentoonstelling	exposition permanente
stilte alstublieft	silence, s'il vous plaît
tijdelijke tentoonstelling	exposition temporaire
verboden te flitsen	flash interdit
verboden te fotograferen	photos interdites

de toegang tot het museum is …
l'entrée du musée coûte …

met dit kaartje heeft u ook toegang tot de tentoonstelling
avec ce ticket, vous avez aussi accès à l'exposition

heb je je studentenkaart bij je?
vous avez votre carte d'étudiant ?

over vijf minuten is er een rondleiding in het Frans
il y a une visite guidée en français qui commence dans 5 minutes

Impressions

S'exprimer

c'est magnifique
het is prachtig
*Het Is pr**a**RteR*

c'était magnifique
het was prachtig
*Het was pr**a**RteR*

ça ne m'a pas tellement plu
ik vond er niet veel aan
*Ik f**o**nt er ni:t fé:l **a:**n*

c'est cher pour ce que c'est
het is duur voor wat het is
*HetIz d**u:**r vo:r wat Het Is*

c'est très touristique
het is heel toeristisch
*HetIs Hé:l tour**I**sti:s*

il y avait énormément de monde
het was heel erg druk
*Het was H**é:**l èrR druk*

finalement on n'y a pas été, il y avait trop de queue
we zijn uiteindelijk niet gegaan, er stond een hele lange rij
*we zèïn euïtè**ï**ndelek ni:t ReR**a:**n, er stont en h**é:**le l**a**ng-e rèï*

on n'a pas eu le temps de tout voir
we hadden niet genoeg tijd om alles te zien
*we H**a**de(n) ni:t Ren**ou**R tèït om **a**les te zi:n*

Comprendre

u moet beslist … gaan zien
il faut absolument que vous alliez voir …

het is heel erg toeristisch geworden
c'est devenu très touristique

de kust is volledig verwoest
la côte a été complètement défigurée

SPORTS ET JEUX

Les Néerlandais sont très sportifs. Le vélo en particulier est une véritable institution et le Tour de France est suivi comme un événement quasiment national. Sont très populaires également les sports d'équipe comme le football, le hockey sur gazon et sur glace, les sports en salle (mise en forme, aérobic, etc.), le tennis, la natation, le ski (chez les voisins européens) et, de plus en plus, le golf.
Outre la bicyclette, le patinage (de vitesse pour les plus chevronnés), est le sport traditionnel par excellence. Du moins jusqu'à ces dernières années. En effet, chaque hiver, quand les canaux et rivières étaient gelés pendant des semaines ou des mois, on sortait ses patins. En guise de pause, on savoure un **warme chocolademelk** (chocolat chaud) et la **erwtensoep** (potage aux pois cassés et à la saucisse fumée). Désormais, les hivers étant moins rudes, il n'est pas toujours possible de patiner sur de la glace naturelle. Les courses de patinage de vitesse sont très populaires, notamment la **Elfstedentocht**, une course sur 200 km qui traverse onze villes frisonnes, habituellement entre la fin janvier et la fin février. La glace doit être suffisamment résistante sur toute cette distance, et la course n'a donc lieu que si l'hiver est rigoureux. Après la Noël, une grande question tourmente les Néerlandais : y aura-t-il enfin cette année un Elfstedentocht ?
En football, quand la célèbre équipe nationale **Oranje** participe à un tournoi international, le pays est pris d'une véritable frénésie. Toute une gamme de produits de marketing font leur apparition, et la couleur orange est omniprésente, jusque sur le papier toilette ! Le championnat néerlandais voit presque chaque année l'affrontement de l'**Ajax** d'Amsterdam et du **Feyenoord** de Rotterdam, dont les supporters composent aux Pays-Bas deux camps irréconciliables.
Autre sport typiquement néerlandais : la voile. La possession du bateau (à voile ou à moteur) s'apparente à celle de la maison secondaire pour les Français.
La marche à pied connaît un engouement comme en témoigne le succès des Marches de Quatre Jours à Apeldoorn et à Nimègue ou le Circuit des onze villes de Frise. Renseignez-vous auprès des offices de tourisme sur les sentiers pédestres. Les échecs, les dames et le bridge sont très prisés.

Les sports favoris des Flamands sont la marche à pied, la natation et le cyclisme. Tout le monde possède sa propre bicyclette dès l'âge de quatre ans et de nombreuses pistes cyclables ont été aménagées ces dernières années pour permettre le cyclisme rural. Le Tour de France et le Tour des Flandres sont très suivis à la télévision, ainsi que le football. Les équipes de football les plus connues sont **(den) Antwerp** et **Anderlecht** (banlieue de Bruxelles). Les bois de pins des Campines se prêtent à merveille à l'équitation et les immenses plages de La Panne au char à voile. Quelques sports traditionnels subsistent, tels que les compétitions de pigeons (**duivenmelken**) et les concours de chants de pinsons (**Vinkenieren**), ou encore le tir à l'arc : les corporations d'archers (**Schuttersgilden**) sont multicentenaires.

Pour commencer

balle	bal *bal*
ballon	bal *bal*
cartes	kaarten *k**a:**rte(n)*
échecs	schaken *sR**a:**ke(n)*
excursion	excursie *èksk**u**rzi:, (Fl)* uitstap ***euï**tstap*
faire de la randonnée	wandelen *w**a**ndele(n)*
faire du patin à glace	schaatsen *sR**a:**tse(n)*
faire une partie de ...	een potje ... *en p**o**tye ...*
football	voetbal *voudbal*
jeu de société	gezelschapsspel *Rez**è**lsRapspèl*
jouer au football	voetballen *v**ou**dbale(n)*
match	wedstrijd *w**è**tstrèït*
patins à glace	schaatsen *sR**a:**tse(n)*
piscine	zwembad *zw**è**mbat*
sentier de randonnée	wandelpad *w**a**ndelpat*
sport	sport *sport*
tennis	tennis *t**è**nIs*
vélo	fiets *fi:ts*
VTT	mountainbike *m**aou**ntenbaïk*

S'exprimer

je voudrais en louer pour une heure
ik wil er graag een voor een uur huren
*Ik wIler Rra:R **é:**n vo:r en u:r H**u:**re(n)*

est-ce qu'on peut prendre des cours de … ?
kunnen we … les nemen?
*k**u**ne(n) we … lès n**é:**me(n)?*

combien ça coûte par heure et par personne ?
hoeveel kost dat per uur en per persoon?
*Houvé:l kost dat pèr u:r èn pèr pers**o:**n?*

je n'en ai jamais fait
ik heb het nog nooit gedaan
*Ik Hèpet noR no:ït Red**a:**n*

je suis nul en …
ik kan helemaal niet …
*Ik kan Hé:lem**a:**l ni:t …*

j'en ai fait une ou deux fois, il y a longtemps
ik heb het één of twee keer gedaan, maar dat is heel lang geleden
*Ik Hèpet é:n of twé: ké:r Red**a:**n, ma:r datIs H**é:**l lang Rel**é:**de(n)*

je n'en peux plus
ik kan niet meer
Ik kan ni:t mé:r

j'ai des courbatures
ik heb spierpijn
*Ik Hèp sp**i:**rpèïn*

on s'arrête pour pique-niquer ?
zullen we stoppen om te picknicken?
*z**u**le(n) we st**o**pe(n) om te p**I**knIke(n)?*

Comprendre

… te huur
location de …

heeft u het wel eens eerder gedaan of is het de eerste keer?
est-ce que vous avez des notions ou vous êtes complètement débutant ?

u moet een *(Né)* **aanbetaling van … doen/***(Fl)* **voorschot van ... betalen**
il faut verser un acompte de …

de verzekering kost … en is verplicht
l'assurance coûte … et est obligatoire

Randonnée

S'exprimer

est-ce qu'il y a des sentiers de randonnée ?
zijn er wandelpaden?
*zèïn er w**a**ndelpa:de(n)?*

qu'est-ce que vous nous conseillez comme marche dans les environs ?
welke wandelingen kunt u ons in de buurt aanraden?
*w**è**lke w**a**ndelIng-e(n) kuntu: ons In de bu:rt **a:**nra:de(n)?*

on m'a dit qu'il y a une très belle balade au bord du lac
ik heb gehoord dat er een hele mooie wandeling langs het meer is
*Ik Hèp ReH**o:**rt dater en H**é:**le mo:ïe w**a**ndelIng langs Het mé:r Is*

on cherche une petite balade à faire dans le coin
wij willen graag een wandelingetje in de buurt maken
*wèï w**I**le(n) Rra:R en w**a**ndelIng-etye In de bu:rt m**a:**ke(n)*

est-ce qu'il faut avoir des chaussures de randonnée ?
hebben we wandelschoenen nodig?
*H**è**be(n) we w**a**ndelsRoune(n) n**o:**deR?*

c'est une randonnée de combien d'heures ?
hoe lang duurt de wandeling?
*Houlang du:rt de w**a**ndelIng?*

où est-ce que le sentier démarre ?
waar begint het pad?
*wa:r beR**I**nt Het pat?*

est-ce que le chemin est balisé ?
is de wandelroute aangegeven?
*Izde w**a**ndelroute **a:**nReRé:ve(n)?*

on s'est baladés dans la campagne
we hebben een wandeling op het platteland gemaakt
*we H**è**be(n) en w**a**ndelIng opet platel**a**nt Rem**a:**kt*

est-ce que c'est un chemin circulaire ?
eindigt de wandeling bij het vertrekpunt?
***èï**ndeRt de w**a**ndelIng b**èï** Het fertr**è**kpunt?*

SPORTS ET JEUX

Comprendre

gemiddelde duur durée moyenne *(d'une randonnée)*

de wandeling duurt ongeveer drie uur, rustpauzes inbegrepen
c'est une marche d'environ 3 heures en comptant les pauses

neem een regenjack en waterdichte wandelschoenen mee
prévoyez un K-Way® et des chaussures de marche étanches

Autres sports

S'exprimer

où peut-on louer des vélos ?
waar kunnen we fietsen huren?
*wa:r **ku**ne(n) we **fi:**tse(n) Hu**:**re(n)?*

y a-t-il des pistes cyclables ?
zijn er fietspaden?
*zèïn er **fi:**tspa:de(n)?*

est-ce que quelqu'un aurait un ballon de foot ?
heeft iemand toevallig een voetbal?
*Hé:ft **i:**mant touv**a**leR en v**ou**dbal?*

y a-t-il une piscine en plein air ?
is er een openlucht zwembad?
*Iser en o:pe(n)l**u**Rt zw**è**mbat?*

je voudrais louer des patins à glace
ik wil graag schaatsen huren
*Ik wIl Rra:R sR**a:**tse(n) H**u:**re(n)*

j'ai déjà fait du patin à glace
ik heb al eens geschaatst
*Ik Hèp al é:ns ResR**a:**tst*

je n'ai jamais fait de la voile avant
ik heb nog nooit gezeild
*Ik Hèp noR no:ït Rez**èï**lt*

je voudrais prendre des cours de voile pour débutants
ik wil graag een zeilcursus voor beginners doen
*Ik wIl Rra:R en **zèï**lkurzus fo:r beR**I**ners doun*

SPORTS ET JEUX

Comprendre

er is een openbare tennisbaan vlakbij het station
il y a un terrain de tennis municipal pas loin de la gare

is het de eerste keer dat u paardrijdt?
c'est la première fois que vous montez un cheval ?

kunt u zwemmen?
vous savez nager ?

de tennisbaan is al bezet
le court de tennis est déjà occupé

(Né) **basketbal jij?**/*(Fl)* **speel je basketbal?**
est-ce que tu joues au basket ?

Jeux de société

S'exprimer

on se fait une partie de cartes ?
zullen we een potje kaarten?
zule(n) we en potye ka:rte(n)?

c'est à ton tour de jouer
jij bent aan de beurt
yèï bènt a:n de beurt

Comprendre

kunt u schaken?
vous savez jouer aux échecs ?

heb je een kaartspel?
est-ce que tu as un jeu de cartes ?

Quelques expressions familières

ik ben ingemaakt je suis rétamé
hij heeft me verpletterend verslagen il m'a littéralement écrasé

COURSES ET SHOPPING

ⓘ Aux Pays-Bas, la plupart des magasins sont ouverts de 8h30 ou 9h à 17h30 ou 18h du lundi au samedi, et les supermarchés de 8h30 à 20h. Il y a des nocturnes jusqu'à 21h les jeudis ou vendredis selon les villes. Dans les grandes villes comme Amsterdam ou La Haye, les magasins du centre-ville ouvrent aussi le dimanche de 13h à 17 ou 18h. Il n'existe pas comme en France de grandes surfaces à la périphérie des villes. Pour leurs achats courants, les Néerlandais préfèrent aller dans les supérettes ou supermarchés. L'enseigne la plus prestigieuse, mais aussi la plus chère, est **Albert Heijn** (une institution aux Pays-Bas). On ne marchande qu'au **Waterlooplein**, le marché aux puces d'Amsterdam. Faites un tour au marché, pittoresque et cosmopolite, d'**Albert Cuyp** à Amsterdam. Les épiceries orientales (qui font souvent aussi traiteurs) s'appellent **toko**. Vous y trouverez une grande variété de produits indonésiens et surinamiens.

Dans les grandes villes de Flandre, les magasins sont ouverts du lundi au samedi de 10h à 18 ou 19h sans interruption. Dans les petites villes et les villages, une partie des magasins ferment à l'heure du déjeuner. Les supermarchés sont généralement ouverts plus tard, parfois jusqu'à 21h le vendredi. Le dimanche est le jour de fermeture hebdomadaire officiel, bien que les magasins soient ouverts ce jour-là dans de nombreuses villes d'art.

Les boulangeries sont généralement ouvertes le dimanche, jour de prédilection pour un petit déjeuner, un brunch copieux et des sucreries.

On achète ses cigarettes en grande surface ou dans les kiosques à journaux. Certains cafés en vendent aussi, mais pas tous.

Pratiquement tous les villages et villes ont leur jour de marché hebdomadaire. Vous trouverez en outre dans les offices de tourisme locaux des informations sur les brocantes et les marchés d'antiquités, de fleurs, de fruits et légumes et d'animaux ainsi que sur les marchés aux puces, les marchés artisanaux, etc.

Pour commencer

acheter	kopen *k**o:**pe(n)*
bon marché	goedkoop *Routk**o:**p*
boulangerie	bakker *b**a**ker*
boutique	winkel *w**I**nkel*
cadeau	cadeau *ka:d**o:***
caisse	kassa *k**a**sa:*
centre commercial	winkelcentrum *w**I**nkelsèntrem*
cher	duur *du:r*
coûter	kosten *k**o**ste(n)*
grand magasin	warenhuis *w**a:**renHeuïs*
kilo	kilo *k**i:**lo:*
légumes	groenten *Rr**ou**nte(n)*
magasin	winkel *w**I**nkel*
marché	markt *markt*
payer	betalen *bet**a:**le(n)*
prix	prijs *prèïs*
rembourser	terugbetalen *ter**u**Rbeta:le(n)*
soldes	uitverkoop ***euï**tferko:p, (Fl)* solden *s**o**lde(n)*
souvenir	souvenir *souven**i:**r*
supermarché	supermarkt *s**u:**permarkt*
tabac	*(lieu de vente)* sigarenwinkel *si:R**a:**re(n)w**I**nkel*
ticket de caisse	kassabon *k**a**sa:bon*
vendeur	verkoper *verk**o:**per*
vendre	verkopen *verk**o:**pe(n)*
vêtements	kleding *kl**é:**dIng*

S'exprimer

est-ce qu'il y a un supermarché dans le quartier ?
is er een supermarkt in de buurt?
*Iser en s**u:**permarkt In de bu:rt?*

où est-ce que je peux acheter des cigarettes ?
waar kan ik sigaretten kopen?
*wa:r kanIk si:Ra:r**è**te(n) k**o:**pe(n)?*

je voudrais …
ik wil graag …
Ik wIl Rra:R …

nous voudrions …
wij willen graag …
*wèï w**I**le(n) Rra:R …*

je cherche …
ik zoek …
Ik souk …

nous cherchons …
wij zoeken …
*wèï **zou**ke(n) …*

est-ce que vous avez … ?
heeft u …?
Hé:ft u: …?

je n'ai pas assez d'argent
ik heb niet genoeg geld
*Ik Hèp ni:t Ren**ou**R Rèlt*

est-ce que vous savez où je peux en trouver (ailleurs) ?
weet u waar ik dat (elders) kan vinden?
*wé:tu: wa:r Ik dat (**è**lders) kan v**I**nde(n)? …?*

est-ce que vous pouvez me le commander ?
kunt u het voor me bestellen?
*kuntu: Het fo:r me best**è**le(n)?*

combien coûte ce … ?
hoeveel kost dit/deze …?
*Houvé:l kost dIt/d**é:**ze …?*

c'est bon, je le prends
ok, ik neem het
*o:k**é:**, Ik n**é:**met*

vous ne pouvez pas me faire un petit rabais ?
kan ik wat korting krijgen?
*kanIk wat k**o**rtIng kr**èï**Re(n)?*

ça sera tout, merci
dat is alles, dank u wel
*datIs **a**les, danku: wèl*

est-ce que je peux avoir un sac (plastique) ?
mag ik een (plastic) tasje/(Fl) zakje?
*maRIk en (pl**è**stIk) t**a**che/z**a**kye?*

vous avez fait une erreur en me rendant la monnaie
u heeft zich vergist met het wisselgeld
*u: Hé:ft sIR verR**I**st mèt Het w**I**selRèlt*

COURSES ET SHOPPING

Comprendre

aanbieding promotion
's zondags gesloten fermé le dimanche
van 13.00 tot 15.00 uur gesloten fermé de 13h à 15h
open van … tot … ouvert de … à …
(Fl) **solden** soldes
uitverkoop soldes

verder nog iets?
et avec ceci ?

wilt u een tasje/*(Fl)* **zakje?**
est-ce que vous voulez un sac ?

Quelques expressions familières

wat een afzetterij! c'est de l'arnaque !
ik ben blut je n'ai pas un rond
dat is peperduur ça coûte les yeux de la tête
dat is een koopje c'est donné
opheffingsuitverkoop soldes monstres

Payer

S'exprimer

combien je vous dois ?
hoeveel krijgt u van mij?
Houvé:l krèïRtu: van mèï?

où est-ce qu'on paye ?
waar is de kassa?
wa:r Izde kasa:?

pourriez-vous me l'écrire, s'il vous plaît ?
kunt u dat alstublieft voor mij opschrijven?
kuntu: dat alstu:bli:ft fo:r mèï opsRrèïve(n)?

est-ce que vous acceptez les cartes de crédit ?
(Né) accepteert u creditcards?/*(Fl)* kan ik met kredietkaart betalen?
aksèpté:rtu: krèdItkards?/kanIk mèt en kredi:tka:rt beta:le(n)?

je vais payer en liquide
ik betaal contant
Ik beta:l kontant

désolé, je n'ai pas de monnaie
sorry, ik heb geen kleingeld
sori:, Ik Hèp Ré:n klèïnRèlt

est-ce que vous pouvez me faire de la monnaie ?
kunt u mij wat kleingeld teruggeven?
*kuntu: mèï wat kl**è**ïnRèlt ter**u**Ré:ve(n)?*

je peux avoir un reçu ?
mag ik een bonnetje?
*maRIk en b**o**netye?*

Comprendre

betalen bij de kassa
payez à la caisse

hoe wilt u betalen?
vous réglez comment ?

heeft u helemaal geen kleingeld?
vous n'avez pas du tout de la monnaie ?

kunt u daar tekenen?
je vais vous demander de signer

heeft u een *(Né)* **legitimatiebewijs/***(Fl)* **identiteitsbewijs?**
vous avez une pièce d'identité ?

Alimentation

S'exprimer

Les mesures de poids

On utilise le kilo et le gramme mais aussi les deux unités de mesure suivantes :
(Né) **ons/***(Fl)* **honderd gram** = 100g   **pond** = 500g

où est-ce qu'on peut acheter à manger à cette heure-ci ?
waar kunnen we om deze tijd iets te eten kopen?
*wa:r k**u**ne(n) we om d**é:**ze tèït i:ts te **é:**te(n) k**o:**pe(n)?*

y a-t-il un marché ?
is er een markt?
Iser en markt?

y a-t-il une boulangerie dans le coin ?
is er een bakker in de buurt?
*Iser en b**a**ker In de bu:rt?*

je cherche le rayon des conserves
ik zoek de conservenafdeling
*Ik souk de konz**è**rve(n)**a**fdé:lIng*

je voudrais 200 grammes de jambon
ik wil graag *(Né)* twee ons ham/ *(Fl)* tweehonderd gram hesp
*Ik wIl Rra:R twé: ons Ham/tw**é:**Hondert Rram Hèsp*

je vais prendre un petit morceau de ce fromage
ik wil graag een stukje van deze kaas
*Ik wIl Ra:R en st**u**kye van d**é:**ze ka:s*

non, pas celui-ci, celui-là, plus à droite, oui c'est ça
nee, die niet, die andere, meer naar rechts, ja die
*né:, di:n**i:**t; di: **a**ndere, mé:r na:r rèRts, yad**i:***

c'est pour 4 personnes
het is voor vier personen
*HetIs fo:r vi:r pers**o:**ne(n)*

c'est possible de goûter ?
mag ik even proeven?
*maRIk **é:**ve(n) pr**ou**ve(n)?*

environ 300 grammes
ongeveer *(Né)* drie ons/ *(Fl)* driehonderd gram
*onRev**é:**r dri: ons, dr**i:**Hondert Rram*

un kilo de pommes de terre, s'il vous plaît
een kilo aardappelen alstublieft
*en k**i:**lo: **a:**rdapele(n) alstu:bl**i:**ft*

un peu plus
een beetje meer
*en b**é:**tye mé:r*

un peu moins
een beetje minder
*en b**é:**tye m**I**nder*

ça se conserve bien ?
is het lang houdbaar?
*Iset lang H**aou**dba:r?*

on peut voyager avec ?
kan ik het op reis meenemen?
*kanIk Het op rèïs m**é:**né:me(n)?*

Comprendre

(Fl) **melkproducten**	produits laitiers
specialiteiten van de streek	spécialités de la région
ten minste houdbaar tot …	à consommer avant le …
zuivelproducten	produits laitiers

er is iedere dag tot één uur markt
il y a un marché tous les jours jusqu'à 13h

er is een avondwinkel op de hoek van de straat
il y a un épicier juste au coin de la rue qui reste ouvert tard le soir

COURSES ET SHOPPING

Habillement

Aux Pays-Bas, les tailles de vêtements pour femmes sont légèrement plus grandes qu'en France : un 36 néerlandais correspond ainsi à un 38 français. Il en va de même pour les vêtements pour hommes : un "small" néerlandais correspond généralement à un "medium" français. Attention aux longueurs : les Néerlandais sont particulièrement grands. Les pointures sont en revanche les mêmes.

S'exprimer

je cherche le rayon hommes
ik zoek de herenafdeling
*Ik souk de H**é:**re(n)-**a**fdé:lIng*

où sont les cabines d'essayage ?
waar zijn de paskamers?
*wa:r zèïn de p**a**ska:mers?*

non, merci, je regarde seulement
nee dank u, ik kijk alleen maar
*né: d**a**nku:, Ik kèïk al**é:**n ma:r*

je peux l'essayer ?
mag ik dit even passen?
*maRIk dIt **é:**ve(n) p**a**se(n)?*

je chausse du 39
ik heb maat negenendertig
*Ik Hèp ma:t né:Renend**è**rteR*

je voudrais essayer celui qui est en vitrine
ik wil graag die uit de etalage passen
*Ik wIl Rra:R di: euït de é:ta:l**a:**je p**a**se(n)*

vous ne l'avez pas dans une autre couleur ?
heeft u hem in een andere kleur?
*Hé:ftu:-em In en **a**ndere kleur?*

est-ce que vous l'avez dans une plus petite/grande taille ?
heeft u hem in een kleinere/grotere maat?
*Hé:ftu:-em In en kl**èï**nere/Rr**o:**tere ma:t?*

est-ce que vous les avez en rouge ?
heeft u ze in het rood?
*Hé:ft u: ze Inet r**o:**t?*

c'est trop large
hij is te groot
*Hèï Is te Rr**o:**t*

oui, ça va, je les prends
oké, ik neem ze
*o:k**é:**, Ik n**é:**m ze*

non, je n'aime pas
nee, die vind ik niet leuk
né:, di: vInt Ik ni:t leu:k

je vais réfléchir
ik ga erover nadenken
*Ik Ra: èro:ver n**a:**dènke(n)*

Comprendre

aanstaande zondag geopend	ouverture exceptionnelle le dimanche
afgeprijsde artikelen kunnen niet worden geruild	les articles en soldes ne peuvent pas être échangés
dameskleding	vêtements pour femmes
donderdag/vrijdag koopavond	nocturne les jeudis/vendredis
herenkleding	vêtements pour hommes
kinderkleding	vêtements pour enfants
paskamers	cabines d'essayage

goedendag, kan ik u helpen?
bonjour, je peux vous aider ?

die hebben we alleen nog in het blauw en in het zwart
il ne nous en reste que en bleu ou en noir

die hebben we niet meer in die maat
il ne nous en reste plus dans cette taille

dat staat u goed
ça vous va bien

en? wat vindt u ervan?
alors ? qu'est-ce que vous en pensez ?

Souvenirs et cadeaux

S'exprimer

je cherche un cadeau à ramener
ik zoek een cadeau om mee terug te nemen
*Ik souk en ka:d**o:** om mé: te **né:**me(n)*

je voudrais quelque chose de facile à transporter
Ik zoek iets dat ik makkelijk kan meenemen
*Ik souk i:ts dat Ik m**a**kelek kan **mé:**né:me(n)*

c'est pour une petite fille de 4 ans
het is voor een meisje van vier
Hetls fo:r en mèïche van vi:r

est-ce que vous pouvez me faire un paquet-cadeau ?
kunt u het voor me inpakken?
kuntu: Het fo:r me Inpake(n)?

Comprendre

van hout/zilver/goud/wol/katoen	en bois/argent/or/laine/coton
handgemaakt	fait main
handgemaakt product	produit artisanal

dat hangt ervan af, hoeveel wilt u besteden?
ça dépend, combien vous êtes prêt à dépenser ?

is het een cadeautje?
c'est pour offrir ?

LA BANQUE

ℹ Aux Pays-Bas, les banques sont ouvertes du lundi au vendredi de 9h à 16h ou 17h. En Flandre, elles ouvrent en général entre 9h et 16h en semaine, avec une fermeture d'une heure vers midi, mais certaines agences centrales sont également ouvertes le samedi matin.

Les distributeurs automatiques sont signalés par l'enseigne **GELD-AUTOMAAT** aux Pays-Bas, et **BANCONTACT** en Flandre. Vous pouvez payer en liquide ou par carte de crédit (American Express®, Diners Club®, Eurocard®, Mastercard®, Carte Bleue Visa®).

Pour commencer

banque	bank *bank*
billet *(de banque)*	(bank)biljet *(bank)bIlyè**t***, briefje *br**i:**fye*
bureau de change	wisselkantoor *wIselkanto:r*
Carte Bleue*	*(Né)* bankpas *b**a**nkpas*, *(Né)* pinpas *pInpas*, *(Fl)* bankkaart *b**a**nka:rt*
carte de crédit	*(Né)* creditcard *cr**è**dItcard*, *(Fl)* kredietkaart *kred**i:**tkart*
changer de l'argent	geld wisselen *Rèlt wIsele(n)*
chèque	cheque *ch**è**k*
code confidentiel	pincode *pInco:de*
commission	commissie *comI:si*
compte *(bancaire)*	(bank)rekening *(b**a**nk)ré:kenIng*
distributeur (automatique)	*(Né)* geldautomaat *R**è**ltaouto:ma:t*, *(Fl)* Bancontact *b**a**ncontact*
guichet	loket *lok**è**t*
pièce *(de monnaie)*	*(Né)* munt(stuk) *m**u**nt(stuk)*, *(Fl)* kleingeld *kl**èï**nRèlt*
retirer de l'argent	geld opnemen *Rèlt **o**pné:me(n)*
retrait	geldopname *R**è**ltopna:me*
virement	overschrijving ***o:**versRrèïvIng*

S'exprimer

où est-ce qu'il y a un bureau de change ?
waar is hier ergens een wisselkantoor?
*wa:rIz Hi:r **è**rRens en wIselkanto:r?*

les banques sont-elles ouvertes le samedi ?
zijn de banken op zaterdag open?
*zèïn de b**a**nken op s**a:**terdaR **o**:pen?*

je cherche un distributeur automatique
ik zoek een geldautomaat
*Ik souk en R**è**ltaouto:ma:t*

qu'est-ce que vous prenez comme commission ?
hoeveel commissie berekent u?
*H**ou**vé:l comIsi: ber**é**:kent u?*

je voudrais faire un virement
ik wil graag geld *(Né)* overmaken/*(Fl)* overschrijven
*Ik wIl Rra:R R**è**lt **o**:verma:ke(n)/**o**:versRrèïve(n)*

ça va prendre combien de temps ?
hoe lang gaat dat duren?
*H**ou**lang Ra:t dat d**u**:re(n)?*

je voudrais signaler la perte de ma carte de crédit
ik wil graag het verlies van mijn *(Né)* creditcard/*(Fl)* kredietkaart aangeven
*Ik wIl Rra:R Het ferl**i:**s fan mèïn cr**è**dItcard/kred**i**:tka:rt **a**:nRé:ve(n)*

le distributeur de billets a avalé ma carte
de geldautomaat heeft mijn *(Né)* pas/*(Fl)* kaart ingeslikt
*de R**è**ltaouto:ma:t H**é**:ft mèïn pas/ka:rt InResllkt*

Comprendre

voer uw *(Né)* **pas/***(Fl)* **kaart in**
insérez votre carte

toets uw *(Né)* **pincode/***(Fl)* **geheime code in**
tapez votre code confidentiel

kies het gewenste bedrag
choisissez votre montant

wilt u een transactiebon?
retrait avec reçu

dit apparaat is (tijdelijk) buiten gebruik
appareil (momentanément) hors service

Quelques expressions familières

geld (uit de muur) trekken tirer de l'argent
flappentap distributeur
kleingeld petite monnaie

LA POSTE

ⓘ Les bureaux de poste en Flandre et aux Pays-Bas sont ouverts du lundi au vendredi de 9h à 17/18h, ainsi que le samedi de 9/10h à 12/13h pour les plus importants. Aux Pays-Bas ils sont en outre ouverts les soirs de nocturne (jeudi ou vendredi), du moins dans les grandes villes.

Les boîtes aux lettres sont rouges. On distingue sur les boîtes aux lettres néerlandaises le courrier local (**postcode 1100 t/m 2000**, c'est-à-dire codes postaux commençant par 1100 jusqu'à 2000) et les autres destinations (**Overige postcodes**), et en Belgique, le courrier national et international. Pour l'étranger, vous avez le choix entre les tarifs prioritaire (étiquette **priority** à demander au guichet) et non prioritaire.

Notez qu'aux Pays-Bas et en Flandre, on ne peut pas acheter de timbres dans les bureaux de tabac.

Pour commencer

carte postale	ansichtkaart ***a****nsIRtka:rt*, kaartje *k****a:****rtye*
code postal	postcode *p****o****stko:de*
colis	pakket *pak****è****t*
courrier	post *post*
écrire	schrijven *sRr****èï****ve(n)*
enveloppe	envelop *ènvel****o****p*
envoyer	versturen *verst****u:****re(n)*
lettre	brief *bri:f*
par avion	per luchtpost *pèr l****u****Rtpost*
poste	postkantoor *p****o****stkanto:r*
recevoir	ontvangen *ontf****a****nge(n)*
timbre	postzegel *p****o****stsé:Rel*

S'exprimer

où est-ce que je peux trouver un bureau de poste ?
waar kan ik een postkantoor vinden?
*wa:r kan **I**k en p**o**stkanto:r v**I**nde(n)?*

y a-t-il une boîte aux lettres par ici ?
is hier ergens een brievenbus?
*Is Hi:r **è**rRens en br**i:**vebus?*

est-ce que la poste est ouverte le samedi ?
is het postkantoor op zaterdag open?
*Iset p**o**stkanto:r op s**a:**terdaR **o:**pen?*

à quelle heure ferme la poste ?
hoe laat gaat het postkantoor dicht?
*Houla:t Ra:t Het p**o**stkanto:r dIRt?*

je voudrais 5 timbres pour la France
ik wil graag vijf postzegels voor Frankrijk
*Ik wIl Rra:R vèïf p**o**stsé:Rels fo:r fr**a**nkrèïk*

combien coûte un timbre pour la Suisse ?
hoeveel kost een postzegel voor Zwitserland?
*Houvé:l kost en p**o**stsé:Rel vo:r zw**I**tserlant?*

y a-t-il un tarif prioritaire ?
is er een priority tarief?
*Iser en praï**o**rIti: ta:r**i:**f?*

je voudrais envoyer ce colis à Lyon par avion
ik wil dit pakket graag per luchtpost naar Lyon versturen
*Ik wIl dIt pak**è**t Rra:R pèr l**u**Rtpost na:r li:**o**n verst**u**:re(n)*

combien de temps ça met pour arriver ?
hoe lang duurt het voordat het aankomt?
*Houlang du:rt Het f**o:**rdatet **a:**nkomt?*

où est-ce que je peux acheter des enveloppes ?
waar kan ik enveloppen kopen?
*wa:r kanIk ènvel**o**pe(n) k**o:**pe(n)?*

y a-t-il du courrier pour moi ?
is er post voor mij?
*Iser post fo:r m**èï**?*

si je reçois du courrier, est-ce que vous pourriez me le faire suivre en France ?
als er post voor mij komt, kunt u het dan doorsturen naar Frankrijk?
*alser post fo:r mèï komt, kuntu: Het dan d**o:**rstu:re(n) na:r fr**a**nkrèïk?*

Comprendre

afzender	expéditeur
breekbaar	fragile
eerste lichting	première levée
geadresseerde	destinataire
laatste lichting	dernière levée

het doet er twee à vijf dagen over
ça met entre 2 et 5 jours

Déchiffrer les adresses

afz. = afzender (expéditeur)
p/a = per adres (c/o)

Les adresses s'écrivent le plus sobrement et clairement possible : sans ponctuation, sans soulignement, sans majuscules (sauf au début des mots) et sans abréviations en dehors des titres dhr, dr., prof., mevr., etc. Les Néerlandais attachent en effet une grande importance à leurs titres. Par exemple :

dhr. drs. A. Jansen
Herengracht 12
1012 AZ Amsterdam

Pour le courrier vers l'étranger, indiquez le nom du pays en néerlandais sous l'adresse.

Les codes postaux belges comportent seulement 4 chiffres.

INTERNET

ⓘ Attention, on utilise le clavier international QWERTY, différent du clavier français. Les accents aigu, grave, circonflexe, etc. sont notamment un peu difficiles à trouver. L'arobase se dit **apenstaartje** (littéralement "queue de singe") ou, comme en anglais, **at**. Beaucoup de mots sont repris de l'anglais.

L'usage d'Internet et les échanges par e-mail sont très répandus. Il existe des cybercafés aux Pays-Bas et en Flandre, mais surtout dans les grandes villes. Les Néerlandais ont été parmi les premiers en Europe à se brancher sur le Net et à posséder des PC, et les foyers équipés d'ordinateurs sont donc très nombreux.

Pour commencer

adresse e-mail	e-mailadres *__i:__mé:ladrès*
arobase	apenstaartje *__a:__pesta:rtye*
café Internet	internetcafé *__I__nternètkaf__é:__*
clavier	toetsenbord *t__ou__tsebort*, *(Fl)* klavier *kla:v__i:__r*
coller	plakken *pl__a__ke(n)*
copier	kopiëren *ko:pi:y__é:__re(n)*
couper	knippen *kn__I__pe(n)*
effacer	wissen *w__I__se(n)*
e-mail	e-mail *__i:__mé:l*
envoyer un e-mail	e-mailen *__i:__mé:le(n)*, een e-mail versturen *en __i:__mé:l verst__u:__re(n)*
mot de passe	*(Né)* wachtwoord *w__a__Rtwo:rt*, *(Fl)* paswoord *p__a__swo:rt*
recevoir	ontvangen *ontf__a__nge(n)*
sauvegarder	opslaan *__o__psla:n*, *(Fl)* bewaren *bew__a:__re(n)*
télécharger	downloaden *d__aou__nlo:de(n)*
touche	toets *touts*

@ INTERNET

S'exprimer

y a-t-il un café Internet ici ?
is hier ergens een internetcafé?
*Is Hi:r **è**rRens en **I**nternètkaf**é:**?*

je dois aller au café Internet pour vérifier mon mail
ik moet naar een internetcafé om mijn e-mail te checken
*Ik mout na:r en **I**nternètkaf**é:** om men **i:**mé:l te tch**è**ke(n)*

est-ce que vous avez une adresse e-mail ?
heeft u een e-mailadres?
*Hé:ftu: en **i:**mé:ladrès?*

comment est-ce que je me connecte ?
hoe maak ik verbinding?
*Hou ma:k Ik ferb**I**ndIng?*

est-ce que vous pouvez m'aider, je ne sais pas comment ça marche
kunt u me helpen, ik weet niet hoe het werkt
*kuntu: me H**è**lpe(n), Ik wé:t ni:t Hou Het wèrkt*

je ne trouve pas l'arobase sur le clavier
ik kan het apenstaartje niet op het *(Né)* toetsenbord/*(Fl)* klavier vinden
*Ik kan Het **a:**pesta:rtye ni:t op Het t**ou**tsebort/kla:v**i:**r v**I**nde(n)*

ça ne marche pas
het werkt niet
Het wèrkt ni:t

il y a un problème, c'est bloqué
er is een probleem, hij is vastgelopen
*èr Is en pro:bl**é:**m, Hèï Is f**a**stRelo:pe(n)*

est-ce qu'on peut téléphoner par Internet ici ?
kunnen we hier via internet telefoneren?
*k**u**ne(n) we Hi:r v**i:**a: **I**nternèt té:lefo:n**é:**re(n)?*

Comprendre

postvak in	boîte de réception
postvak uit	boîte d'envoi

u moet ongeveer twintig minuten wachten
il y a environ 20 minutes d'attente

ik kan u op de lijst zetten
je peux vous inscrire sur la liste

TÉLÉPHONE

ⓘ Aux Pays-Bas, vous trouverez dans les gares des cabines téléphoniques à cartes et à pièces. Les cartes s'achètent dans les magasins **Primafoon** (KPN télécom), les bureaux de poste, les bureaux de tabac ou les agences **VVV**.

Particularité néerlandaise : la personne qui décroche tout comme celle qui appelle donnent d'abord leur nom et/ou prénom. On dit ainsi : **met ...** suivi du nom ou prénom. Ne pas respecter cette règle est perçu comme très impoli et l'on vous demandera **met wie spreek ik?** (qui est au bout du fil ?).

En Belgique, la plupart des cabines téléphoniques fonctionnent à cartes. Les télécartes (**telekaart**) sont en vente dans les bureaux de poste, les gares, les librairies et les kiosques à journaux. Ces derniers vendent aussi des cartes à codes (**protonkaart**) qui reviennent moins cher. Les cabines à pièces se font rares tandis que celles qui fonctionnent avec des cartes de paiement (internationales) se multiplient. On peut appeler à l'étranger à partir des cabines téléphoniques dotées d'un autocollant avec des drapeaux. Les tarifs sont particulièrement avantageux du lundi au samedi, de 20h à 8h, ainsi que le dimanche et les jours fériés. Pour appeler en PCV, faites le 1324. Le numéro des renseignements est le 1307 (le 1304 pour les renseignements internationaux).

En néerlandais, les numéros de téléphone (10 chiffres aux Pays-Bas et en Flandre) sont énoncés par unités, dizaines ou centaines. Le zéro (**nul**) initial est toujours énoncé séparément.

Pour appeler la France, composez le 0033 + numéro à 9 chiffres (sans le 0 initial).

Pour appeler depuis la France, composez le 0032 pour la Belgique ou le 0031 pour les Pays-Bas + indicatif sans le 0 initial + numéro.

Pour un appel national en Belgique, vous devez toujours composer le 0 + l'indicatif avant le numéro, même au sein d'une zone géographique ayant le même indicatif.

Pour commencer

allô	met … *mèt … (+ nom et/ou prénom)*
annuaire	telefoonboek *té:lef**o:**nbouk*
appeler quelqu'un	iemand (op)bellen ***i:**mant (op)bèle(n)*
cabine téléphonique	telefooncel *té:lef**o:**nsèl*
carte de téléphone	telefoonkaart *té:lef**o:**nka:rt*
message	boodschap *b**o:**tsRap*
numéro de téléphone	telefoonnummer *té:lef**o:**numer*
Pages jaunes*	Gouden Gids® ***Raou**de(n) RIts*
portable	mobiele telefoon *mo:b**i:**le té:lef**o:**n*
renseignements	inlichtingen ***I**nlIRtInge(n)*
répondeur	antwoordapparaat ***a**ntwo:rtapa:r**a:**t*
téléphone	telefoon *té:lef**o:**n*
téléphoner	telefoneren *té:lefo:n**é:**re(n)*

S'exprimer

où est-ce que je peux acheter une carte de téléphone ?
waar kan ik een telefoonkaart kopen?
*wa:r kan Ik en té:lef**o:**nka:rt k**o:**pe(n)?*

une carte de téléphone de …. euros, s'il vous plaît
een telefoonkaart van … euro alstublieft
*en té:lef**o:**nka:rt fan … euro: alstu:bl**i:**ft*

est-ce que vous savez s'il y a une cabine téléphonique près d'ici ?
weet u of er een telefooncel in de buurt is?
*wé:t u: ofer en té:lef**o:**nsèl In de b**u:**rt Is?*

pourriez-vous me faire la monnaie de …, c'est pour téléphoner ?
kunt u … wisselen voor de telefoon?
*kuntu: … w**I**sele(n) vo:r de té:lef**o:**n?*

je voudrais appeler en PCV
ik wil graag een collect call maken
*Ik wIl Rra:R en kol**è**kt kol m**a:**ke(n)*

est-ce que vous parlez français ?
spreekt u Frans?
*spr**é:**ktu: frans?*

est-ce que vous pouvez répéter plus lentement ?
kunt u het langzamer herhalen?
*kuntu: Het l**a**ngza:mer HèrH**a:**le(n)?*

est-ce que vous pouvez parler plus fort ?
kunt u iets harder praten?
*kuntu: i:ts H**a**rder pr**a:**te(n)?*

est-ce qu'il y a une prise pour que je recharge mon portable ?
is er een stopcontact om mijn mobiele telefoon op te laden?
*Is er en st**o**pkontakt om men mo:b**i:**le té:lef**o:**n op te l**a:**de(n)?*

vous avez un numéro de portable ?
heeft u een mobiel nummer?
*Hé:ftu: en mo:b**i:**l n**u**mer?*

où est-ce que je peux vous joindre pendant la journée ?
waar kan ik u overdag bereiken?
*wa:r kan Ik u: **o:**verdaR ber**èï**ke(n)?*

tu as eu mon message ?
heb je mijn bericht gekregen?
*Hèpye men ber**I**Rt Rekr**é:**Re(n)?*

avez-vous eu mon message ?
heeft u mijn bericht gekregen?
*Hé:ftu: men ber**I**Rt Rekr**é:**Re(n)?*

Comprendre

mobiele telefoon numéro de portable
thuis numéro du domicile
werk numéro au travail

het door u gekozen nummer is niet in gebruik
le numéro que vous avez demandé n'est pas attribué

toets een hekje
appuyez sur la touche dièse

Formules usuelles

S'exprimer

allô, qui est à l'appareil ?
hallo, met wie spreek ik?
*Hal**o:**, mèt wi: spr**é:**kIk?*

c'est de la part de qui ?
wat is uw naam?
*wat Is u:w n**a:**m?*

allô, c'est Pierre, est-ce que je suis bien chez … ?
dag, u spreekt met Pierre, spreek ik met …?
daR, u: spré:kt mèt pyèr, spré:k Ik mèt …?

allô, David ?
hallo, David?
Halo:, da:vId?

allô, bonjour, je voudrais parler à M. …, de la part de …
dag, ik wil graag met de heer … spreken, u speekt met …
daR, Ik wIl Rra:R mèt de Hé:r … spré:ke(n), u: spré:kt mèt …

vous vous êtes trompé de numéro
u heeft een verkeerd nummer gedraaid
u: Hé:ft en verke:rt numer Redra:ït

un instant, s'il vous plaît
een ogenblikje, alstublieft
en o:RenblIkye, alstu:bli:ft

ne quittez pas
blijft u aan de lijn
blèïftu: a:n de lèïn

je vous le passe
ik verbind u door
Ik verbInt u: do:r

il est sorti
hij is niet aanwezig
Hèï Is ni:t a:nwé:zeR

il sera de retour dans une demi-heure
hij is over een half uur terug
Hèï Is o:ver en Half u:r teruR

pouvez-vous lui dire que j'ai appelé ?
kunt u hem/haar zeggen dat ik heb gebeld?
kuntu: Hèm/Ha:r zèRe(n) dat Ik Hèp Rebèlt?

vous avez de quoi écrire ?
heeft u een pen?
Hé:ft u: en pèn?

il peut me joindre au …
hij kan mij bereiken op nummer …
Hèï kan mèï berèïke(n) op numer …

mon nom est … et mon numéro le …
mijn naam is … en mijn nummer is …
men na:m Is … èn men numer Is …

est-ce que vous pouvez lui demander de me rappeler ?
kunt u hem/haar vragen mij terug te bellen?
kuntu: Hèm/Ha:r vra:Re(n) mèï teruR te bèle(n)?

est-ce que vous savez quand je peux le joindre ?
weet u wanneer ik hem kan bereiken?
*wé:t u: wan**é:**r Ik Hem kan ber**èï**ke(n)?*

je vous remercie, au revoir
dank u wel, tot ziens
***da**nku: wèl, tot s**i:**ns*

je rappellerai (plus tard)
ik bel (later) terug
*Ik bèl (l**a:**ter) ter**u**R*

on s'appelle bientôt ?
bellen we snel weer?
***bè**le(n) we snèl wé:r?*

on se rappelle, ok ?
laten we elkaar snel weer bellen, goed?
***la:**te(n) we elk**a:**r snèl wé:r **bè**le(n), Rout?*

Comprendre

een ogenblikje, ik verbind u door
un instant, je vous le passe

hij is er niet, wilt u een boodschap achterlaten?
il n'est pas là, est-ce que vous voulez laisser un message ?

ik zal hem/haar zeggen dat u hebt gebeld
je lui dirai que vous avez appelé

u kunt na de pieptoon een boodschap inspreken
veuillez laisser un message après le bip

Problèmes

S'exprimer

ça sonne occupé
het is in gesprek
*Het Is In Respr**è**k*

ça ne répond pas
er wordt niet opgenomen
*èr wort ni:t **o**pReno:me(n)*

je ne connais pas l'indicatif
ik weet het netnummer niet
*Ik wé:t Het **nè**tnumer ni:t*

je n'ai pas réussi à le joindre
ik heb hem niet kunnen bereiken
*Ik Hèp Hem ni:t k**u**ne(n) ber**èï**ke(n)*

il ne me reste plus beaucoup d'unités sur ma carte
mijn telefoonkaart is bijna leeg
*men té:lef**o:**nka:rt Is b**è**ïna: lé:R*

attends, ça va couper, il faut que je rajoute de la monnaie
wacht even, de verbinding kan verbroken worden, ik moet er nog wat geld bij gooien
*waRt **é:**ve(n), de verbIndIng kan verbr**o:**ke(n) w**o**rde(n), Ik m**ou**ter noR wat Rèlt bèï R**o:**ye(n)*

il y a une très mauvaise réception
(Né) het bereik/*(Fl)* de ontvangst is heel slecht
*Het ber**è**ïk/de ontf**a**ngst Is Hé:l slèRt*

il n'y a pas de réception ici
er is hier geen *(Né)* bereik/*(Fl)* ontvangst
*èr Is Hi:r Ré:n ber**è**ïk/ontf**a**ngst*

vous savez où je peux trouver une recharge pour mon téléphone portable ?
weet u waar ik een prepaid-kaart voor mijn mobiele telefoon kan kopen?
*wé:t u: wa:r Ik en pr**i:**péïd-ka:rt fo:r men mo:b**i:**le té:lef**o:**n kan k**o:**pe(n)?*

est-ce que je peux brancher mon portable ici pour le recharger ?
kan ik mijn mobiele telefoon hier opladen?
*kan Ik men mo:b**i:**le té:lef**o:**n Hi:r **o**pla:de(n)?*

Comprendre

ik versta u heel slecht
je vous entends très mal

de verbinding werd verbroken
on a été coupés

u hebt waarschijnlijk een verkeerd nummer gedraaid
vous avez dû vous tromper de numéro

Quelques expressions familières

een telefoontje (plegen) (passer) un coup de fil

in vijf minuten was mijn kaart er doorheen en 5 minutes, ça m'a bouffé toute ma carte !

SANTÉ

Si vous êtes ressortissant de l'Union européenne et recevez des soins médicaux aux Pays-Bas ou en Belgique, vous pourrez être remboursé à votre retour sur présentation du reçu du médecin et du formulaire E111 (à retirer avant votre départ auprès de votre caisse d'assurance maladie).

Aux Pays-Bas, les heures d'ouverture des pharmacies (**apotheek**) sont les mêmes que celles des commerces. Les pharmacies néerlandaises, beaucoup moins nombreuses qu'en France, ne vendent pas de produits para-pharmaceutiques ni de cosmétiques. Certains médicaments sont en vente dans les **drogisterij** (sortes de drogueries-parapharmacies) et dans les grands supermarchés. Le numéro des urgences aux Pays-Bas est le **112**.

En Belgique, les médicaments sont exclusivement vendus dans les pharmacies. Les week-ends, consultez les cartons affichés sur la vitre d'une pharmacie pour trouver le nom et l'adresse du médecin ou du pharmacien de garde (**van wacht**) le plus proche. En cas d'accident, appelez le **100** pour les secours médicaux et les pompiers, le **101** pour la gendarmerie, ou le **105** pour la Croix-Rouge.

Pour commencer

alcool à 90°	alcohol van negentig graden *alko:Hol van né:RenteR Rra:de(n)*
allergie	allergie *alèrRi:*
ambulance	ambulance *ambu:lanse*
aspirine	aspirine *asplri:ne*
bouton	puist *peuïst*
cassé	gebroken *Rebro:ke(n)*
comprimé	tablet *ta:blèt*
dentiste	tandarts *tandarts*
désinfecter	desinfecteren *dèslnfèkté:re(n)*
fièvre	koorts *ko:rts*

généraliste	huisarts *Heuïsarts*
gynécologue	gynaecoloog *Ri:né:ko:lo:R*
hôpital	ziekenhuis *zi:ke(n)Heuïs*
intoxication alimentaire	voedselvergiftiging *voutselverRIfteRIng*
médecin	dokter *dokter*
médicament	medicijn *mé:di:sèïn*, geneesmiddel *René:smIdel*
pansement	pleister *plèïster*
pharmacie	apotheek *apo:té:k*
pommade	zalf *zalf*
radio *(rayons X)*	röntgenfoto *runtgefo:to:*
règles (avoir ses)	ongesteld zijn *onRestèlt sèïn*
sang	bloed *blout*
urgences	eerste hulp *é:rste Hulp*
vaccin	vaccinatie *vaksi:na:tsi:*
vomir	overgeven *o:verRé:ve(n)*

S'exprimer

est-ce que quelqu'un aurait une aspirine par hasard ?
heeft iemand misschien een aspirientje?
Hé:ft i:mant mIsRi:n en asplri:ntye?

j'ai besoin d'aller voir un docteur
ik moet naar een dokter
Ik mout na:r en dokter

où est-ce que je peux trouver un médecin à cette heure-là ?
waar kan ik om deze tijd een dokter vinden?
wa:r kanIk om dé:ze tèït en dokter vInde(n)?

je voudrais prendre un rendez-vous pour aujourd'hui
ik wil graag voor vandaag een afspraak maken
Ik wIl Rra:R vo:r vanda:R en afspra:k ma:ke(n)

le plus tôt possible
zo snel mogelijk
zo: snèl mo:Relek

non, ce n'est pas grave
nee, het is niet ernstig
*né:, HetIs ni:t **è**rnsteR*

j'ai cassé mes lunettes
mijn bril is gebroken
*meïn brIl Is Rebr**o:**ke(n)*

pouvez-vous faire venir une ambulance au … ?
kunt u een ambulance naar … laten komen?
*kuntu: en ambu:l**a**nse na:r … l**a:**te(n) k**o:**me(n)?*

Comprendre

dokterspraktijk — cabinet médical
eerste hulp — urgences
recept — ordonnance

vóór donderdag kunt u geen afspraak maken
il n'y a rien de libre avant jeudi

vrijdag om twee uur, schikt u dat?
vendredi à 14 heures, ça vous convient ?

Chez le médecin

S'exprimer

j'ai rendez-vous avec le Docteur …
ik heb een afspraak met dokter …
*Ik Hèp en **a**fspra:k mèt d**o**kter …*

je ne me sens pas bien
ik voel me niet goed
Ik foul me ni:t Rout

je me sens très faible
ik voel me erg zwak
Ik foul me èrR swak

je ne sais pas ce que c'est
ik weet niet wat het is
*Ik wé:t ni:t wat Het **I**s*

ça fait mal
dat doet pijn
dat dout pèïn

j'ai été piqué/mordu par …
ik ben door een … gestoken/gebeten
*Ik bèn do:r en … Rest**o:**ke(n)/Reb**é:**te(n)*

j'ai mal
ik heb pijn
Ik Hèp pèïn

j'ai mal au cœur
ik ben misselijk
*Ik bèn m**I**selek*

SANTÉ

j'ai mal à la tête/au ventre/au dos/à la gorge/aux dents
ik heb hoofdpijn/buikpijn/rugpijn/keelpijn/kiespijn
*Ik Hèp H**o:**ftpèïn/b**euï**kpèïn/r**u**Rpèïn/k**é:**lpèïn/k**i:**spèïn*

j'ai mal ici
hier doet het pijn
Hi:r dout Het pèïn

j'ai de la fièvre
ik heb koorts
Ik Hèp ko:rts

ça s'est aggravé
het is erger geworden
*HetIs **è**rRer Rew**o**rde(n)*

ça fait 3 jours
sinds drie dagen
*sIn(t)s dri: d**a:**Re(n)*

ça a commencé la nuit dernière
het is vannacht begonnen
*HetIs fan**a**Rt beR**o**ne(n)*

c'est la première fois que ça m'arrive
ik heb dit voor het eerst
*Ik Hèb dIt fo:r Het **é:**rst*

j'ai de l'asthme
ik heb astma
*Ik Hèp **a**stma:*

je suis cardiaque
ik ben hartpatiënt
*Ik bèn H**a**rtpa:chènt/(Fl) H**a**rtpa:syènt*

je suis sous antibiotiques depuis une semaine et ça ne va pas mieux
ik slik al een week antibiotica en het gaat niet beter
*Ik slIk al en wé:k anti:bi:**o:**ti:ka: èn Het Ra:t ni:t b**é:**ter*

je prends la pilule
ik slik de pil
Ik slIk de pIl

je suis enceinte de … mois
ik ben … maanden zwanger
*Ik bèn … m**a:**nde(n) zw**a**ng-er*

je me suis tordu la cheville
ik heb mijn enkel verstuikt
*Ik Hèp men **è**nkel verst**euï**kt*

je suis tombé sur le dos
ik ben op mijn rug gevallen
*Ik bèn op men ruR Rev**a**le(n)*

c'est grave ?
is het ernstig?
*Iset **è**rnsteR?*

c'est contagieux ?
is het besmettelijk?
*Iset besm**è**telek?*

comment va-t-il ?
hoe gaat het met hem?
*Hou R**a:**tet mèt Hèm?*

combien je vous dois ?
hoeveel ben ik u verschuldigd?
*Houvé:l bèn Ik u: versR**u**ldeRt?*

est-ce que je peux avoir un reçu pour me faire rembourser ?
kan ik een rekening krijgen zodat ik het kan declareren bij de verzekering?
kanIk en ré:kenIng krèïRe(n) zo:dat Ik Het kan dé:kla:ré:re(n) bèï de verzé:kerIng?

Comprendre

u kunt plaatsnemen in de wachtkamer
si vous voulez bien patienter dans la salle d'attente

waar heeft u pijn?
où est-ce que ça vous fait mal ?

doet het pijn als ik hier druk?
ça vous fait mal quand j'appuie là ?

haalt u diep adem
respirez bien fort

gaat u liggen, alstublieft
allongez-vous, s'il vous plaît

bent u ingeënt tegen ...?
êtes-vous vacciné contre ... ?

bent u allergisch voor ...?
êtes-vous allergique à ... ?

gebruikt u op dit moment medicijnen?
avez-vous des traitements en cours ?

als u pijn heeft, neemt u een capsule
prenez une gélule en cas de douleur

het gaat binnen een paar dagen over
ça devrait passer en quelques jours

het zal snel helen
ça devrait cicatriser rapidement

u moet geopereerd worden
il va falloir opérer

u moet over een week terugkomen
revenez me voir dans une semaine

À la pharmacie

S'exprimer

une boîte de pansements, s'il vous plaît
een doosje pleisters alstublieft
en do:che plèïsters alstu:bli:ft

je suis allergique à l'aspirine
ik ben allergisch voor aspirine
*Ik bèn al**è**rRi:s fo:r aspIr**i:**ne*

j'ai attrapé un rhume
ik heb een verkoudheid opgelopen
*Ik Hèp en verk**aou**tHèït **o**pRelo:pe(n)*

j'aurais besoin de quelque chose contre la toux
ik heb iets nodig tegen de hoest
*Ik Hèp i:ts n**o:**deR t**é:**Ren de Houst*

je voudrais prendre de l'homéopathie
ik wil graag een homeopatisch middel
*Ik wIl Rra:R en Ho:mé:yo:p**a:**ti:s m**I**del*

j'ai besoin de la pilule du lendemain
ik heb de morning-afterpil nodig
*Ik Hèb de mornIng**a**fterpIl n**o:**deR*

Comprendre

aanbrengen	appliquer
bijwerkingen	contre-indications
capsule	gélule
drie maal daags voor de maaltijd innemen	à prendre trois fois par jour avant les repas
in poedervorm	en poudre
siroop	sirop
tablet	comprimé
uitsluitend op *(Né)* **recept/** *(Fl)* **voorschrift verkrijgbaar**	uniquement sur ordonnance
zalf	pommade

Quelques expressions familières

aan het bed gekluisterd zijn être cloué au lit
zich belabberd voelen être mal fichu
van je stokje gaan tomber dans les pommes
kapotje capote

PROBLÈMES, URGENCES

Composez le **0900-8844** pour appeler la police nationale néerlandaise (**Rijkspolitie**), sauf pour les cas d'urgence où il faut composer le **112**. La gendarmerie (**Koninklijke Marechaussee**) assure également des tâches de maintien de l'ordre, de sécurité et de prévention routières. Les agents de la police nationale portent un uniforme bleu et une casquette. Les fonctionnaires de la police et de la maréchaussée sont en général très courtois, mais ils n'en appliquent pas moins rigoureusement la loi... Les infractions au code de la route (dépassement de la limite de vitesse autorisée ou consommation d'alcool au volant par exemple) sont sévèrement punies.

La police belge, dont les agents portent un uniforme bleu foncé, a été fédéralisée et entièrement réorganisée en 2001. En cas d'accident, appelez le **100** pour les secours médicaux et pompiers, le **101** pour la police.

Aux Pays-Bas comme en Belgique, il faut porter sur soi une pièce d'identité et, si vous conduisez, votre permis de conduire français à 3 volets ou le permis de conduire international.

Pour commencer

accident	ongeluk *onReluk*
ambulance	ambulance *ambu:lanse*
blessé	gewond *Rewont*
cassé	gebroken *Rebro:ke(n)*
en retard	te laat *te la:t*
incendie	brand *brant*
malade	ziek *zi:k*
médecin	dokter *dokter*
police	politie *po:li:tsi:*
pompiers	brandweer *brantwé:r*
urgence	noodgeval *no:tReval*

S'exprimer

est-ce que vous pourriez m'aider ?
kunt u mij helpen?
*kunt u: mèï H**è**lpe(n)?*

au secours !
help!
Hèlp!

attention !
pas op!
*paz**o**p!*

c'est urgent !
het is een noodgeval!
*Hèt Is en n**o:**tRev**a**l!*

est-ce qu'il y a quelqu'un ici qui parle français ?
is hier iemand die Frans spreekt?
*Is Hi:r **i:**mant di: frans spré:kt?*

je dois contacter le consulat
ik moet contact opnemen met het consulaat
*Ik mout kont**a**kt **o**pné:me(n) mèt Het konzu:l**a:**t*

où est le commissariat le plus proche ?
waar is het dichtsbijzijnde politiebureau?
*wa:r Is Het d**I**Rtsbèïzèïnde po:l**i:**tsi:bu:ro:?*

que dois-je faire ?
wat moet ik doen?
*wat mout Ik d**ou**n?*

on m'a volé mes papiers
mijn papieren zijn gestolen
*mèïn pa:p**i:**re(n) zèïn Rest**o:**le(n)*

j'ai perdu …
ik ben … verloren
*Ik bèn … verl**o:**re(n)*

j'ai été agressé
ik ben aangevallen
*Ik bèn **a:**nRevale(n)*

ma voiture a été emmenée à la fourrière
mijn auto is weggesleept
*mèïn **aou**to: Is w**è**Reslé:pt*

on a forcé la porte de ma voiture
de deur van mijn auto is opengebroken
*de deur van mèïn **aou**to: Is **o:**penRebr**o:**ke(n)*

je dois faire une déclaration de vol
ik wil aangifte van diefstal doen
*Ik wIl **a:**nRIfte van d**i:**fstal doun*

j'ai besoin d'un certificat de police pour ma compagnie d'assurance
ik heb een politieverklaring nodig voor mijn verzekering
*Ik Hèp en po:l**i:**tsi:verkl**a:**rIng n**o:**deR fo:r mèïn verz**é:**kerIng*

y a-t-il un accès pour handicapés ?
is er een ingang voor gehandicapten?
*Is er en **I**nRang vo:r ReH**è**ndi:kèpte(n)?*

pouvez-vous surveiller mes affaires un instant ?
kunt u even op mijn spullen letten?
*kunt u: **é:**ven op mèïn sp**u**len l**è**te(n)?*

Remplir un formulaire

(achter)naam	nom
voornaam	prénom
adres	adresse
postcode	code postal
land	pays
nationaliteit	nationalité
geboortedatum	date de naissance
geboorteplaats	lieu de naissance
leeftijd	âge
geslacht	sexe
verblijfsduur	durée du séjour
aankomstdatum/ vertrekdatum	date d'arrivée/de départ
beroep	profession
paspoortnummer	numéro de passeport

Comprendre

bureau gevonden voorwerpen	bureau des objets trouvés
defect	en panne
(Fl) **gevaarlijke hond**	chien méchant
hulpdiensten	police-secours
nooduitgang	sortie de secours

(Né) **pas op voor de hond** chien méchant

wegenwacht service de dépannage

wat bent u kwijt?
qu'est-ce qu'il vous manque ?

wanneer is het gebeurd?
quand cela s'est-il passé ?

waar verblijft u?
où logez-vous ?

kunt u hem beschrijven?
pouvez-vous le décrire ?

kunt u dit formulier invullen alstublieft?
pouvez-vous remplir ce formulaire, s'il vous plaît ?

wilt u hier tekenen alstublieft?
pouvez-vous signer ici, s'il vous plaît ?

Quelques expressions familières

(Né) **smeris/***(Fl)* **flic** flic

bajes taule

op de bon slingeren mettre une contredanse

op heterdaad betrappen prendre la main dans le sac

LA DATE, L'HEURE, LE TEMPS

Pour commencer

à l'heure du déjeuner	rond lunchtijd *ront **lu**nchtèït*
année	jaar *ya:r*
après	na *na:*
avant	voor *vo:r*
bientôt	binnenkort *bInek**o**rt*
dans la soirée	in de loop van de avond *In de lo:p fan de **a:**vont*
de … à …	van … tot … *van … tot …*
déjà	al *al*
depuis	sinds *sIns*
dernier	vorig(e) *v**o:**reR(e)*
de temps en temps	af en toe *afènt**ou***
en avance	te vroeg *te vrouR*
en ce moment	op dit moment *op dIt mo:m**è**nt*
encore	nog *noR*
en retard	te laat *te la:t*
entre … et …	tussen … en … *t**u**se(n) … en …*
jamais	nooit *no:ït*
jour	dag *daR*
jusqu'à	tot *tot*
longtemps	lang *lang*
maintenant	nu *nu:*
matin	ochtend ***o**Rtent*
midi	twaalf uur ('s middags) *tw**a:**lf u:r (sm**I**daRs)*
nuit	nacht *naRt*
pas encore	nog niet *noR ni:t*
pendant	tijdens *t**èï**dens*
prochain	volgend(e) *v**o**lRend(e)*
rarement	zelden *z**è**lde(n)*
récemment	onlangs ***o**nlangs*
semaine	week *wé:k*
soir	avond ***a:**vont*

souvent vaak *va:k*
tard laat *la:t*
tôt vroeg *vrouR*
toujours (*tout le temps*) altijd *alt**èï**t*
toujours (*encore*) nog steeds *noR st**é:**ts*
tout de suite meteen *met**é:**n*
week-end weekend *w**i:**kènt*

S'exprimer

à bientôt !
tot gauw!
*tot R**aou**!*

à tout à l'heure !
tot straks!
*tot str**a**ks!*

désolé, je suis en retard
het spijt me, ik ben te laat
*Het sp**èï**t me, Ik bèn te **la:**t*

je n'ai pas encore été là-bas
ik ben daar nog niet geweest
*Ik bèn da:r noR ni:t Rew**é:**st*

je suis pressé
ik heb haast
Ik Hèp Ha:st

je me suis couché tard
ik ben laat naar bed gegaan
*Ik bèn la:t na:r bèt ReR**a:**n*

j'ai attendu longtemps
ik heb heel lang gewacht
*Ik Hèp Hé:l lang Rew**a**Rt*

à plus tard !
tot later!
*tot **la:**ter!*

à lundi !
tot maandag!
*tot m**a:**ndaR!*

on est arrivés trop tard
we zijn te laat aangekomen
*we zèïn te la:t **a:**nReko:me(n)*

je n'ai pas eu le temps de …
ik heb geen tijd gehad om …
*Ik Hèp Ré:n tèït ReH**a**t om …*

dépêchez-vous
haast u
*H**a:**stu:*

je me suis levé très tôt
ik ben heel vroeg opgestaan
*Ik bèn Hé:l vrouR **o**pResta:n*

on a attendu longtemps
wij hebben heel lang gewacht
*wèï H**è**be(n) Hé:l lang Rew**a**Rt*

je dois me réveiller très tôt demain pour prendre l'avion
ik moet morgen heel vroeg opstaan om het vliegtuig te halen
*Ik mout m**o**rRe(n) Hé:l vrouR **o**psta:n om Het fl**i:**RteuïR te H**a:**le(n)*

il ne nous reste plus que 4 jours
we hebben nog maar vier dagen
*we Hèbe(n) noR ma:r vi:r d**a:**Re(n)*

La date

Comment dire et écrire la date	
le 2 janvier	op twee januari (s'écrit 2 januari 1966, en abrégé 2/1/66, 02/01/66 ou 02.01.1966)
en 2002	in tweeduizend twee (s'écrit in 2002)
(l'année) 1930	negentien dertig ("dix-neuf trente") ou negentienhonderd dertig ("dix-neuf cent trente"), mais jamais comme en français avec les milliers ("mille neuf cent trente")
les années trente	de jaren dertig ou de dertiger jaren (s'écrit de jaren '30 ou '30)
avant/après J.-C.	voor Christus/na Christus (s'écrit v. Chr./ n. Chr.)
un dessin du XVe siècle	een tekening uit de 15e eeuw
au XVIIe siècle	in de 17e eeuw

Pour commencer

après-demain	overmorgen ***o:**vermorRe(n)*
aujourd'hui	vandaag *vand**a:**R*
avant-hier	eergisteren ***é:**rRIstere(n)*
dans deux jours	over twee dagen ***o:**ver twé: d**a:**Re(n)*
demain	morgen *m**o**rRe(n)*
demain matin/après-midi/soir	morgenochtend/morgenmiddag/morgenavond *morRe(n)**o**Rtent/morge(n)m**I**dag/morRge(n) **a:**vont*
hier	gisteren *R**I**stere(n)*
hier matin/après-midi/soir	gisterochtend/gistermiddag/gisteravond *RIster**o**Rtent/RIsterm**I**daR/RIster**a:**vont*
il y a …	… geleden *… Rel**é:**de(n)*

S'exprimer

je suis né en ...
ik ben in ... geboren
Ik bèn In ... Rebo:re(n)

je suis déjà venu il y a plusieurs années
ik ben hier een paar jaar geleden al geweest
Ik bèn Hi:r en pa:r ya:r Relé:de(n) al Rewé:st

j'ai passé un mois aux Pays-Bas il y a quelques années
ik heb een paar jaar geleden een maand in Nederland doorgebracht
Ik Hèp en pa:r ya:r Relé:de(n) en ma:nt In né:derlant do:rRebraRt

j'étais venu l'année dernière à la même époque
ik was hier vorig jaar rond dezelfde tijd
Ik was Hi:r vo:reR ya:r ront dezèlfde tèït

on est quel jour aujourd'hui ?
welke dag is het vandaag?
wèlke daR Iset fanda:R?

on est le combien aujourd'hui ?
de hoeveelste is het vandaag?
de Houvé:lste Iset fanda:R?

on est mardi 1er mai
het is dinsdag, één mei
Het Is dInsdaR, é:n mèï

on s'en va demain
we vertrekken morgen
we vertrèke(n) morRe(n)

je reste jusqu'à dimanche
ik blijf tot zondag
Ik blèïf tot sondaR

j'ai déjà quelque chose de prévu mardi
ik heb dinsdag al iets te doen
Ik Hèp dInsdaR al i:ts te doun

Comprendre

drie keer per dag/uur — trois fois par jour/heure
één/twee keer — une/deux fois
iedere dag — tous les jours
iedere maandag — tous les lundis

het is in het midden van de negentiende eeuw gebouwd
ça a été construit au milieu du XIXe siècle

het komt eens in de twee weken uit
ça sort une fois toutes les deux semaines

er zijn veel festivals in de zomer
il y a beaucoup de festivals pendant l'été

wanneer vertrekt u weer?
quand est-ce que vous repartez ?

tot wanneer blijft u?
vous restez jusqu'à quand ?

L'heure

Comment dire l'heure

Il est 4h se dit comme en français : het is vier uur.Il est 3h30 se dit het is half vier ("la demie de quatre").Pour indiquer les minutes jusqu'à 20 minutes avant ou après l'heure pleine, on emploie les mots voor (avant) et over (après). Attention, on dit d'abord les minutes : 3h45 se dit kwart voor vier et 4h10 tien over vier. Mais dès qu'on se rapproche de la demie, on annonce en fait l'heure qui suit : 3h20 se dit tien voor half vier ("10 avant la demie de 4") et 3h35 vijf over half vier ("5 après la demie de 4"). On peut préciser si c'est le matin ('s ochtends), l'après-midi ('s middags), le soir ('s avonds) ou la nuit ('s nachts). Par exemple, 2h de l'après-midi se dit twee uur 's middags. Notez qu'on on ne dit pas "2h du matin" comme en français, mais "2h de la nuit" (twee uur 's nachts). L'heure s'écrit de la manière suivante : 10.30 uur. Dans les gares, les horaires sont annoncés ou affichés comme en France : 16.00 uur pour 16h par exemple.

Pour commencer

à l'heure op tijd *op tèït*
de l'après-midi 's middags *smIdaRs*
du matin 's ochtends *soRtens*
être en avance te vroeg zijn *te vrouR sèïn*
être en retard te laat zijn *te la:t sèïn*
midi twaalf uur ('s middags) *twa:lf u:r (smIdaRs)*
minuit middernacht *mIdernaRt*, twaalf uur ('s nachts) *twa:lf u:r (snaRts)*

trois quarts d'heure drie kwartier *dri: kwarti:r*
un quart d'heure een kwartier *en kwarti:r*
une demi-heure een half uur *en Half u:r*
vingt minutes twintig minuten *twInteR mi:nu:te(n)*

S'exprimer

excusez-moi, est-ce que vous auriez l'heure, s'il vous plaît ?
neemt u mij niet kwalijk, weet u hoe laat het is?
né:mt u: mèï ni:t kwa:lek, wé:t u: Hou la:t Het Is?

quelle heure est-il ?
hoe laat is het?
Hou la:t Iset?

il est presque treize heures
het is bijna één uur
Het Is bèïna: é:n u:r

il est une heure et quart
het is kwart over één
Het Is kwart o:ver é:n

il est midi vingt
het is tien voor half één
Het Is ti:n vo:r Half é:n

il est une heure et demie
het is half twee
Het Is Half twé:

il est trois heures pile
het is precies drie uur
Het Is presi:s dri: u:r

il est une heure dix
het is tien over één
Het Is ti:n o:ver é:n

il est une heure moins le quart
het is kwart voor één
Het Is kwart fo:r é:n

il est midi moins vingt
het is tien over half twaalf
Het Is ti:n o:ver Half twa:lf

j'ai attendu vingt minutes
ik heb twintig minuten gewacht
Ik Hèp twInteR mi:nu:te(n) RewaRt

je suis arrivé vers deux heures
ik ben rond een uur of twee aangekomen
Ik bèn ront en u:r of twé: a:nReko:me(n)

j'ai mis le réveil à neuf heures
ik heb de wekker om negen uur gezet
Ik Hèp de wèker om né:Re(n) u:r Rezèt

le train a eu quinze minutes de retard
de trein had vijftien minuten vertraging
de trèïn Hat vèïfti:n mi:nu:te(n) vertra:RIng

je suis rentré il y a une heure
ik ben een uur geleden thuisgekomen
Ik bèn en u:r Relé:de(n) teuïsReko:me(n)

on se retrouve dans une demi-heure ?
zullen we over een half uur afspreken?
zule(n) we o:ver en Half u:r afspré:ke(n)?

je serai de retour d'ici un quart d'heure
ik ben over een kwartier weer terug
Ik bèn o:ver en kwarti:r wé:r teruR

Comprendre

loket geopend van 9.00 tot 18.00 uur guichet ouvert de 9h à 18h sans interruption

vertrek ieder uur départ toutes les heures

dat stuk speelt iedere avond om zeven uur
ça joue tous les jours à dix-neuf heures

het duurt ongeveer anderhalf uur
ça dure environ une heure et demie

het gaat om tien uur open
ça ouvre à partir de dix heures

het gaat om twee uur weer open
ça rouvre à deux heures

Quelques expressions familières

stipt om twee uur à 2 heures pile

even na achten à 8 heures et des poussières

uren staan wachten attendre des plombes

(Né) **wachten tot je een ons weegt/** *(Fl)* **wachten tot het jaar stillekes** attendre jusqu'à la saint-glinglin

LES NOMBRES

> ℹ Comme en français, on utilise la virgule pour séparer les décimales. 3,70 euros se dit drie (euro) zeventig.
>
> En néerlandais, on utilise un espace ou un point pour séparer les milliers.

0 nul *nul*
1 één *é:n*
2 twee *twé:*
3 drie *dri:*
4 vier *vi:r*
5 vijf *vèïf*
6 zes *zès*
7 zeven ***zé:**ve(n)*
8 acht *aRt*
9 negen ***né:**Re(n)*
10 tien *ti:n*
11 elf *èlf*
12 twaalf *twa:lf*
13 dertien ***dè**rti:n*
14 veertien ***vé:**rti:n*
15 vijftien ***vèï**fti:n*
16 zestien ***zè**sti:n*
17 zeventien ***zé:**venti:n*
18 achttien ***a**Rti:n*
19 negentien ***né:**Renti:n*
20 twintig *tw**I**nteR*
21 eenentwintig ***é:**nentwInteR*
22 tweeëntwintig *tw**é:**entwInteR*
30 dertig ***dè**rteR*
35 vijfendertig ***vèï**fendèrteR*
40 veertig ***vé:**rteR*
50 vijftig ***vèï**fteR*
60 zestig ***sè**steR*
70 zeventig ***sé:**venteR*
80 tachtig *t**a**RteR*
90 negentig ***né:**RenteR*
100 honderd *H**o**ndert*
101 honderdeneen *Hondertèn**é:**n*
500 vijfhonderd *v**èï**fH**o**ndert*
1.000 duizend ***deuï**zent*
2.000 tweeduizend *tw**é:**deuïzent*
10.000 tienduizend *t**i:**ndeuïzent*
1.000.000 één miljoen ***é:**n mIly**ou**n*

premier eerste ***é:**rste*
deuxième tweede *tw**é:**de*
troisième derde *d**è**rde*
quatrième vierde *v**i:**rde*
cinquième vijfde *v**èï**fde*
sixième zesde *z**è**zde*
septième zevende *z**é:**vende*
huitième achtste ***a**Rste*
neuvième negende *n**é:**Rende*
dixième tiende *t**i:**nde*
vingtième twintigste *tw**I**nteRste*
vingt et unième eenentwintigste ***é:**nentw**I**nteRste*

Dictionnaire français-néerlandais

A

à : aller à Paris naar Parijs gaan ; **être à Paris** in Parijs zijn ; **aller à la gare** naar het station gaan ; **à 2 km** twee kilometer hier vandaan ; **je vais à Paris/à la gare** ik ga naar Parijs/ naar het station ; **à 3 heures** om drie uur
abbaye de abdij
abeille de bij
abîmé beschadigd
abord : d'abord eerst
abordable *(prix)* betaalbaar
abricot de abrikoos
accélérateur de gaspedaal
accent het accent
accepter aannemen ; *(carte de crédit, pièces)* accepteren
accès de toegang
accident het ongeluk
accompagner meegaan met ; *(en voiture)* brengen
accord : d'accord oké ; **je suis d'accord** ik ben het ermee eens
accueil de balie
accueillant hartelijk
accusé de réception de ontvangstbevestiging
acheter kopen
adaptateur de adapter
addition de rekening
adolescent de tiener
adorer dol zijn op
adresse het adres
adresse e-mail het e-mailadres
adulte de volwassene
aéroport het vliegveld
affaires *(commerce)* de zaken ; *(personnelles)* de spullen
affiche de poster
affreux afschuwelijk
Afrique Afrika
âge de leeftijd ; **quel âge as-tu ?** hoe oud ben je?
agence de voyages het reisbureau
aggraver (s') erger worden
agneau het lam
agréable aangenaam
agresser aanvallen
aide de hulp
aider helpen
ail de knoflook
ailleurs elders ; **d'ailleurs** *(au fait)* trouwens
aimer houden van ; **j'aimerais** ik zou graag
air de lucht ; **en plein air** in de openlucht ; **avoir l'air...** er... uitzien
alcool de alcohol ; **alcool à 90°** de alcohol van negentig graden
algues de algen
Allemagne Duitsland
Allemand(e) de Duitser, de Duitse
allemand Duits
aller *(n)* de heenreis
aller *(v)* gaan ; **comment allez-vous ?** hoe gaat het met u? ; **je vais bien** met mij gaat het goed ; **ça va ?** hoe gaat het? ; **ça va** goed ; **ça vous va ?** heeft u daar zin in? ; **ça vous va bien** dat staat u goed
aller (s'en) weggaan
allergique allergisch
aller-retour het retour(tje)
allô hallo
allumer *(feu, cigarette)* aansteken ; *(lumière)* aandoen
allumette de lucifer
alors *(donc)* dus ; *(à ce moment-là)* toen
amande de amandel
ambassade de ambassade
ambiance de sfeer
ambulance de ambulance
amende de boete
amener meebrengen
amer bitter
Américain(e) de Amerikaan, de Amerikaanse
américain Amerikaans
ami(e) de vriend, de vriendin ; **petit ami** de vriend ; **petite amie** de vriendin
amour de liefde
ampoule *(électrique)* de gloeilamp ; *(sur la peau)* de blaar
amusant grappig
amuser (s') zich vermaken
an het jaar ; **j'ai 22 ans** ik ben tweeëntwintig jaar
ananas de ananas
ancien *(vieux)* oud ; *(qui n'est plus)* voormalig
anesthésie de verdoving
angine de angina
Anglais(e) de Engelsman, de Engelse
anglais Engels
Angleterre Engeland
animal het dier
animé *(lieu)* druk
année het jaar ; **bonne année !** gelukkig nieuwjaar!

anniversaire de verjaardag ; **bon anniversaire !** gefeliciteerd!
anniversaire de mariage de trouwdag
annuaire het telefoonboek
annuler annuleren
antibiotique het antibioticum
antique antiek
Antiquité de Oudheid
août augustus
apéritif het aperitief ; **prendre l'apéritif** een aperitief nemen
appareil : qui est à l'appareil ? met wie spreek ik?
appareil photo het fototoestel
appartement het appartement
appel *(téléphonique)* het telefoontje
appeler *(faire venir)* roepen ; *(au téléphone)* (op) bellen ; **s'appeler** heten
appendicite de blindedarmontsteking
appétit : bon appétit ! eet smakelijk!
apporter (mee)brengen
apprendre *(leçon, langue)* leren ; *(nouvelle)* vernemen
après na
après-demain overmorgen
après-midi de middag
appuyer (sur) drukken (op)
araignée de spin
arbre de boom
architecture de architectuur
argent *(métal)* het zilver ; *(monnaie)* het geld
arnaque de afzetterij
arrêt de halte ; **sans arrêt** zonder ophouden
arrêt de bus de bushalte
arrêter stoppen ; **s'arrêter** ophouden ; *(train, bus)* stoppen
arrivée de aankomst
arriver *(quelque part)* aankomen ; *(se passer)* gebeuren ; **arriver à faire quelque chose** ergens in slagen
art de kunst
artisanal ambachtelijk
artiste de kunstenaar
ascenseur de lift
Asie Azië
aspirine de aspirine
asseoir (s') gaan zitten
assez *(suffisamment)* genoeg ; *(plutôt)* tamelijk ; **assez de** genoeg
assiette het bord
assurance de verzekering
assurance tous risques de all-riskverzekering
asthme de astma
Atlantique : l'océan Atlantique de Atlantische Oceaan
attendre wachten ; **attendre quelqu'un/quelque chose** op iemand/iets wachten
attention : faire attention oppassen ; **attention !** pas op! ; **à l'attention de** ter attentie van
attrape-touristes de afzetterij voor toeristen
auberge de jeunesse de jeugdherberg
aubergine de aubergine
aucun(e) geen enkel(e) ; **aucune idée** geen flauw idee
aujourd'hui vandaag
aussi ook ; **moi aussi** ik ook ; **aussi bien que** evenals
auteur de auteur
authentique authentiek
autobus de bus
automne de herfst
autoroute de snelweg
autre ander(e) ; **un(e) autre** een ander, een andere ; **d'autres** anderen ; **autre chose** iets anders
avance : à l'avance van tevoren ; **en avance** te vroeg
avant *(préposition)* voor ; *(adv)* voorheen ; **avant de** alvorens ; **roue avant** het voorwiel
avant-hier eergisteren
avec met
avenue de laan
aveugle blind
avion het vliegtuig ; **par avion** *(courrier)* per luchtpost
avis de mening ; **changer d'avis** van gedachte veranderen
avocat *(fruit)* de avocado
avoir hebben
avril april

B

baby-sitter de oppas
bagages de bagage
bagages à main de handbagage
bagarre de vechtpartij
bague de ring
baguette het stokbrood
baigner (se) zwemmen
bain het bad ; **prendre un bain** een bad nemen
balader (se) wandelen, een wandeling maken
balcon het balkon
balle de bal
ballon de bal
banane de banaan
bandage het verband
banlieue de voorstad
banque de bank

bar het café, de bar
barbe de baard
barbecue de barbecue
bas : en bas onderaan ; *(à l'étage inférieur)* beneden
bas *(adj)* laag
basilique de basiliek
basket *(sport)* het basketbal
baskets *(chaussures)* de gympen, de sportschoenen
bateau de boot
bâtiment het gebouw
batterie de accu
bavarder babbelen
beau mooi ; *(homme)* knap
beaucoup (de) veel ; **beaucoup plus** veel meer
bébé de baby
Belge de Belg, de Belgische
belge Belgisch
Belgique België
belvédère het uitzichtpunt
besoin : avoir besoin de nodig hebben
bête *(idiot)* dom
beurre de boter
biberon de fles
bibliothèque de bibliotheek
bicyclette de fiets
bien goed ; **j'aimerais bien…** ik zou graag… ; **bien sûr** natuurlijk
bientôt binnenkort ; **à bientôt !** *(Né)* tot gauw!, *(Fl)* tot binnenkort!
bienvenu welkom ; **bienvenu !** welkom!
bière het bier
bijouterie de juwelierswinkel
bijoux de juwelen
billet *(de transport)* het kaartje ; *(de banque)* het (bank)biljet
billetterie *(gare)* het loket ; *(spectacles)* de kaartverkoop
bio *(produits)* biologisch
biscuit het koekje
biscuit salé het zoutje
bise het kusje ; **faire la bise à quelqu'un** iemand met een zoen begroeten
bizarre vreemd
blague de grap
blanc wit
blessé gewond
bleu *(n) (sur la peau)* de blauwe plek
bleu *(adj) (couleur)* blauw
blond blond
bloqué : être bloqué *(circulation)* vastzitten ; *(mécanisme)* vastgelopen zijn
blouson het jack
bœuf *(viande)* het rundvlees
boire drinken
bois *(forêt)* het bos ; *(matière)* het hout
boisson de drank
boîte *(caisse)* de doos ; *(de conserve)* het blik
boîte aux lettres de brievenbus
boîte de nuit *(Né)* de disco(theek), *(Fl)* de dancing
boîte de vitesses de versnellingsbak
bol de kom
bon *(savoureux, agréable)* lekker ; *(exact)* goed ; **bon marché** goedkoop
bonbon het snoepje
bondé stampvol
bonjour goedendag ; *(le matin)* goedemorgen ; *(l'après-midi)* goedemiddag
bonnet de muts
bonsoir goedenavond
bord : au bord de la mer aan zee
bottes de laarzen
bouche de mond
boucherie de slagerij, *(Fl)* de beenhouwerij
bouchon *(de bouteille)* de dop ; *(en liège)* de kurk ; *(embouteillage)* de file
boucles d'oreilles de oorbellen
boue de modder
bougie *(de cire)* de kaars ; *(de voiture)* de bougie
boulangerie de bakker
boule : une/deux boule(s) *(de glace)* een/twee bolletje(s)
boules Quiès® de oordopjes
boulot het werk
bout : un bout de… een stukje… ; **au bout de la rue** aan het einde van de straat
bouteille de fles
bouteille de gaz de gasfles
boutique de winkel
bouton *(sur la peau)* de puist ; *(de vêtement)* de knoop ; *(d'un appareil)* het knopje
bracelet de armband
branché *(à la mode)* trendy
brancher aansluiten
bras de arm
bravo ! goed zo!
briquet de aansteker
brochure de brochure
brocolis de broccoli
bronchite de bronchitis
bronzé bruin
bronzer *(brunir)* bruin worden ; *(s'exposer)* zonnebaden
brosse *(à cheveux)* de borstel
brosse à dents de tandenborstel
brouillard de mist
bruit het geluid ; **faire du bruit** lawaai maken
brûler (ver)branden ; **se brûler** zich verbranden
bruyant lawaaierig
bureau de poste het postkantoor
bureau de tabac de sigarenwinkel
bus de bus

C

ça dat, dit, het
cabine d'essayage de paskamer
cabine téléphonique de telefooncel
cacahouètes de pinda's
Caddie® het karretje
cadeau het cadeau
café *(boisson)* de koffie ; *(lieu)* het café
café au lait de koffie verkeerd
café crème de koffie met melk
café Internet het internetcafé
cahier het schrift
caisse *(boîte)* de kist ; *(où payer)* de kassa
caleçon *(sous-vêtement)* de onderbroek ; *(de bain)* de zwembroek
calme kalm, rustig
caméra de camera
camion de vrachtwagen
campagne het platteland
camping *(activité)* het kamperen ; *(terrain)* de camping ; **faire du camping** kamperen
camping-car de camper
camping-gaz® het kampeergasje
canard de eend
car *(bus)* de bus
carafe de karaf
caravane de caravan
cardiaque *(n)* de hartpatiënt
carie : avoir une carie een gaatje hebben
carotte de wortel
carte de kaart
Carte Bleue® *(Né)* de bankpas, *(Né)* de pinpas, *(Fl)* de bankkaart
carte de crédit *(Né)* de creditcard, *(Fl)* de kredietkaart
carte de téléphone de telefoonkaart
carte de visite het visitekaartje
carte d'identité het persoonsbewijs
carte postale de ansichtkaart
cas : au cas où als ; **en cas de** in geval van
casque de helm
casquette de pet
cassé gebroken, stuk
casse-croûte de snack
casser breken ; **se casser la jambe** zijn been breken
casserole de pan
cassette de cassette
cassette vidéo de videocassette
catastrophe de ramp
cathédrale de kathedraal
catholique katholiek
cause : à cause de wegens
caution de borg
CD de cd
ce deze, dit
ceinture de riem
ceinture de sécurité de veiligheidsgordel
cela dat
célèbre beroemd
célibataire ongehuwd
celui-ci, celle-ci deze, dit
celui-là, celle-là die, dat
cendrier de asbak
centimètre de centimeter
centre het centrum
centre commercial het winkelcentrum
centre-ville het (stads)centrum
céréales de granen
cerise de kers
certain bepaald ; *(sûr)* zeker
ces deze, die
c'est het is, dit is, dat is
cette deze, die, dit, dat
ceux-ci deze
ceux-là die
chacun iedereen
chaîne *(de télévision)* de zender ; *(hi-fi)* de stereotoren ; *(de vélo)* de ketting
chaise de stoel
chaleur de hitte
chaleureux hartelijk
chambre de kamer
chambre à air de binnenband
chambre d'hôtes de kamers
champagne de champagne
champignons de paddestoelen
chance het geluk ; **bonne chance !** veel geluk!
changement de overstap
changer veranderen ; *(de l'argent)* wisselen ; **se changer** zich omkleden
chapeau de hoed
chapeau de soleil de zonnehoed
chapelle de kapel
chaque ieder(e), elk(e) ; **chaque fois** telkens ; **chaque jour** iedere dag
charcuterie *(magasin)* *(Né)* de vleeswarenwinkel, *(Fl)* de charcuterie ; *(produits)* de vleeswaren
chasse d'eau de trekker
chat de kat
château het kasteel
chaud warm ; **il fait chaud** het is warm ; **boissons chaudes** de warme dranken
chauffage de verwarming
chauffe-eau de boiler
chauffeur de taxi de taxichauffeur
chaussettes de sokken
chaussures de schoenen
chaussures de marche de wandelschoenen
chef *(dirigeant)* de baas, het hoofd

chemin de weg, het pad
cheminée de schoorsteen
chemise *(vêtement)* het overhemd ; *(de carton)* de map
chemise de nuit het nachthemd
chèque de cheque
chèque de voyage de reischeque
cher *(coûteux)* duur
chercher zoeken ; **aller chercher quelqu'un/quelque chose** iemand/iets gaan ophalen
cheval het paard
cheveux het haar
cheville de enkel
chèvre de geit
chewing-gum de kauwgom
chez bij ; **chez soi** thuis ; **chez moi** bij mij
chiant irritant, strontvervelend
chien de hond
chinois Chinees
chips de chips
choc de shock
chocolat de chocolade
chocolat au lait de melkchocolade
chocolat chaud de warme chocolademelk
chocolat noir de pure chocolade
choisir kiezen
choix de keuze
cholestérol het cholesterol
chômage de werkloosheid ; **(être) au chômage** werkloos (zijn)
choquant stuitend
chose het ding
chou de kool
chou-fleur de bloemkool
cidre de cider
ciel de hemel
cigare de sigaar
cigarette de sigaret
cimetière de begraafplaats
cinéma *(lieu)* de bioscoop ; *(genre)* de film
cintre de kleerhanger
circulation *(routière)* het verkeer ; *(du sang)* de bloedsomloop
cirque het circus
ciseaux de schaar
citron de citroen
citron vert de limoen
clair licht ; **bleu clair** lichtblauw
classe : première/deuxième classe de eerste/tweede klas
classe affaires de business class
classe économique de toeristenklasse
classique klassiek
clé de sleutel
clémentine de clementine
clignotant de richtingaanwijzer
climat het klimaat
climatisation de airconditioning
club de club
Coca® de cola
cochon het varken
code confidentiel *(Né)* de pincode, *(Fl)* de geheime code
code d'entrée de toegangscode
code postal de postcode
cœur het hart
coffre *(de voiture)* de kofferbak
cognac de cognac
coiffeur de kapper
coin *(angle)* de hoek ; *(endroit)* de buurt
coincé vast
colère : en colère woedend
colis het pakket
collants de panty
colle de lijm
collège de school
collier de ketting
colline de heuvel
colonie de vacances het vakantiekamp
combien hoeveel ; **combien ça coûte ?** hoeveel kost het? ; **combien de temps... ?** hoe lang...? ; **depuis combien de temps... ?** sinds wanneer...? ; **on est le combien ?** de hoeveelste is het vandaag?
commander *(nourriture)* bestellen
comme *(pareillement)* zoals ; *(parce que)* aangezien
commencer beginnen
comment hoe
commerces de winkels
commissariat het politiebureau
commission *(de change)* de commissie
compagnie aérienne de luchtvaartmaatschappij
compartiment *(de train)* de coupé
complet *(plein)* vol, volgeboekt
complètement volledig
compliment het compliment
comprendre begrijpen
comprimé de tablet
compris *(service, assurance)* inbegrepen ; **tout compris** alles inbegrepen
comptant : payer comptant contant betalen
compte bancaire de bankrekening
compter tellen ; **compter sur** rekenen op
compteur électrique de elektriciteitsmeter
concert het concert
concombre de komkommer
conduire rijden ; *(quelqu'un)* brengen
conférence de conferentie
confiance het vertrouwen ; **avoir confiance (en)** vertrouwen hebben (in)

confirmer *(vol)* bevestigen
confiture de jam
confortable comfortabel
congélateur de diepvries
connaissance *(personne)* de kennis ; **connaissances** *(savoir)* de kennis
connaître kennen
connu bekend
conseil het advies ; **demander conseil (à)** (om) advies vragen
conseiller aanraden
consigne *(pour bagages)* het bagagedepot
consommer iets gebruiken
consommation *(boisson)* het drankje
constipé verstopt
construire : construit en... gebouwd in...
consulat het consulaat
contact het contact ; **rester en contact** contact houden
contacter contact opnemen met
contagieux besmettelijk
contemporain hedendaags
content tevreden
continuer à doorgaan met
continuation : bonne continuation ! nog veel plezier!
contraceptif het voorbehoedmiddel
contraire het tegendeel ; **au contraire** in tegendeel
contrat het contract
contre tegen
coordonnées het adres
copain de vriend ; **petit copain** de vriend, het vriendje
copine de vriendin ; **petite copine** de vriendin, het vriendinnetje
coquillage de schelp
coquille Saint-Jacques de sint-jakobsschelp
corps het lichaam
correct juist
correspondance *(changement)* de aansluiting
côté de kant ; **à côté de** naast
côte *(maritime)* de kust ; *(du corps)* de rib ; **côte d'agneau** de lamskotelet
côtelette de karbonade
coton *(hydrophyle)* de watten ; *(textile)* de katoen
coton-tige® het wattenstaafje
cou de hals
couche de luier
coucher : se coucher naar bed gaan ; **coucher avec** vrijen met
couchette de couchette
couleur de kleur
coup : ça vaut le coup dat is de moeite waard ; **aller boire un coup** een glaasje gaan drinken
coup de soleil : prendre un coup de soleil een zonnesteek oplopen
coupe-ongles de nagelknipper
couper snijden ; **se couper** zich snijden ; **coupé en tranches** in stukken (gesneden)
courage de moed ; **bon courage !** sterkte!
courant : être au courant (de) op de hoogte zijn (van)
courgette de courgette
courrier de post
cours *(leçon)* de les
courses de boodschappen ; **faire des/les courses** boodschappen doen
court kort
couteau het mes
coûter kosten ; **combien ça coûte ?** hoeveel kost het?
couvert *(de table)* het couvert
couvert *(adj)* bedekt
couverture de deken
cravate de stropdas
crayon het potlood
crème de crème
crème à raser het scheerschuim
crème fraîche de crème fraîche
crème hydratante de vochtinbrengende crème
crème solaire de zonnebrandcrème
crevé *(pneu)* lek ; *(fatigué)* doodop, bekaf
crever *(pneu)* een lekke band krijgen
crevette de garnaal
crise de crisis
crise cardiaque de hartaanval
crise d'appendicite de blindedarmontsteking
croire geloven ; **je crois que...** ik geloof dat...
croisière de cruise
croix het kruis
crotte de drol
cru rauw
crustacés de schaaldieren
cuillère de lepel ; **cuillère à café** het theelepeltje ; **cuillère à soupe** de soeplepel
cuir het leer
cuire koken ; *(gâteau, pain)* bakken
cuisine *(pièce)* de keuken ; **faire la cuisine** koken
cuisse de dij ; *(en cuisine)* de bout
cuit gekookt ; **bien cuit** goed doorbakken ; **trop cuit** te gaar
cuivre het koper
culotte het slipje
curé de pastoor
cybercafé het internetcafé

D

dangereux gevaarlijk
dans in ; **dans une heure** over een uur ; **dans la soirée** in de loop van de avond
date de datum
date de naissance de geboortedatum
date d'expiration de vervaldatum
date limite de deadline
dater (de) dateren (uit)
de van ; **le vélo de David** Davids fiets ; **de... à...** van... tot... ; **du pain** brood ; **des œufs** eieren
débrouiller (se) zich redden
début het begin ; **au début** in het begin ; **en début de** aan het begin van
débutant de beginneling
déca de cafeïnevrije koffie
décalage horaire het tijdsverschil ; *(après un vol)* de jetlag
décapsuleur de flesopener
décembre december
décevant teleurstellend
décider beslissen
déclaration *(de perte, vol)* de aangifte
déclarer *(à la douane)* aangeven
décoller *(avion)* opstijgen
découvrir ontdekken
déçu teleurgesteld
dedans binnen
défaut het gebrek
dégonflé plat
degré *(de température)* de graad
dehors buiten
déjà al
déjeuner *(n)* de lunch
déjeuner *(v)* lunchen
délicieux verrukkelijk, heerlijk
demain morgen ; **à demain !** tot morgen! ; **demain soir** morgenavond
demander vragen
demi *(adj)* half ; **un demi-litre/-kilo** een halve liter/kilo ; **une demi-heure** een half uur ; **une heure et demie** anderhalf uur
demi *(n) (bière)* het biertje
demi-pension het halfpension
demi-tour : faire demi-tour omkeren
dent de tand
dentifrice de tandpasta
dentiste de tandarts
déodorant de deodorant
dépannage : service de dépannage de wegenwacht
départ het vertrek
dépêcher (se) (zich) haasten
dépendre : ça dépend de... dat hangt van... af
dépenser uitgeven
dépliant *(prospectus)* de folder
déposer *(quelqu'un)* afzetten
déprimé gedeprimeerd
depuis sinds ; **depuis que** sinds ; **depuis quand ?** sinds wanneer?
déranger storen
dernier vorig(e), laatste ; **au dernier moment** op het laatste moment ; **l'année dernière** het vorig jaar
derrière achter
des *voir* **de**
dès vanaf ; **dès que** zodra
désagréable onaangenaam
descendre *(de transports)* uitstappen
désinfecter desinfecteren
désolé : je suis désolé het spijt me
dessert het nagerecht, het toetje
dessin de tekening
dessous onder ; **en dessous (de)** onder
dessus op ; **au-dessus (de)** op
destinataire de geadresseerde
détendre (se) (zich) ontspannen
détester haten
devant voor
développer : faire développer *(pellicule)* laten ontwikkelen
devenir worden
devise de valuta
devoir *(v) (obligation)* moeten ; *(argent)* verschuldigd zijn ; **vous devriez...** u moet...
diabète de suikerziekte
dialecte het dialect
diapositive de dia
diarrhée : avoir la diarrhée diarree hebben
dictionnaire het woordenboek
diesel de diesel
différent (de) anders (dan)
difficile moeilijk
dimanche zondag
diminuer afnemen
dinde de kalkoen
dîner *(n)* het avondeten
dîner *(v)* eten
dire zeggen ; **comment ça se dit ?** hoe zeg je dat? ; **ça te dit ?** heb je daar zin in?
direct direct
directement rechtstreeks
direction *(sens)* de richting ; *(entreprise)* de directie ; **le train en direction d'Amsterdam** de trein naar Amsterdam
direction assistée de stuurbekrachtiging
discothèque de disco(theek)

disparaître verdwijnen
disputer (se) ruzie maken
disquaire de platenhandelaar
disque de plaat
disquette de diskette
distributeur (automatique de billets) de geldautomaat
divorcé gescheiden
docteur de dokter
document het document
doigt de vinger
dommage : c'est dommage dat is jammer
donc dus
donner geven
dont waarvan
dormir slapen ; **dormir à la belle étoile** in de openlucht slapen
dos de rug
douane de douane
doublé *(film)* nagesynchroniseerd
doucement *(délicatement)* voorzichtig ; *(bas)* zachtjes ; *(lentement)* langzaam, *(Fl)* traag
douche de douche ; **prendre une douche** douchen
drap het laken
drapeau de vlag
drogue de drug
droit *(n)* het recht ; **avoir le droit de…** het recht hebben om te…
droit *(adj)* recht
droit : *(adv)* **tout droit** rechtdoor
droite rechts ; **à droite (de)** rechts (van)
drôle *(amusant)* grappig ; *(étrange)* vreemd
du *voir* **de**
dur *(solide)* hard ; *(difficile)* moeilijk
durée de duur
durer duren

E

eau het water
eau plate het water zonder prik, *(Fl)* het plat water
échanger ruilen
écharde de splinter
écharpe de sjaal
échecs het schaken
école de school
écouter luisteren
écrire schrijven
écrivain de schrijver
effort de moeite ; **faire un effort** moeite doen
égal : ça m'est égal het maakt mij niet uit
église de kerk
électrique elektrisch
elle zij, ze
elles zij, ze
e-mail de e-mail
embarquement het instappen
embarquer instappen
embêtant vervelend
embouteillage de file
embrasser kussen, zoenen
embrayage de koppeling
émission de uitzending
emmener *(en voiture)* meenemen
emplacement *(de camping)* de plaats
emporter meenemen ; **… à emporter** afhaal-…
emprunter lenen
en in ; **en France/1995** in Frankrijk/1995 ; **en néerlandais** in het Nederlands ; **je vais en France** ik ga naar Frankrijk ; **en voiture** met de auto
enceinte zwanger
enchanté ! aangenaam!
encore *(toujours)* nog steeds ; *(davantage)* nog meer ; **pas encore** nog niet ; **encore plus** nog meer
endormir (s') in slaap vallen
énervant irritant
énerver irriteren
enfant het kind
enfin eindelijk
enflé opgezwollen
enlever weghalen
ennuyer (s') zich vervelen
enregistrement *(des bagages)* het inchecken
enregistrer *(bagages)* inchecken
enrhumé verkouden
ensemble samen
ensuite vervolgens, daarna
entendre horen ; **bien/mal s'entendre (avec quelqu'un)** het goed/slecht (met iemand) kunnen vinden
entier heel, hele ; **en entier** helemaal
entracte de pauze
entre : entre midi et 2 tussen twaalf en twee ; **entre 3 et 5 jours** twee à vijf dagen
entrée *(lieu)* de ingang ; *(de repas)* het voorgerecht ; *(prix)* de entree
entrer binnengaan
enveloppe de envelop
envie : avoir envie de zin hebben om te
environ ongeveer ; **dans les environs** in de buurt
envoi het verzenden
envoyer versturen, verzenden
épaule de schouder
épeler spellen
épice de specerij

épicé scherp, pittig
épicerie de kruidenierswinkel
épileptique epileptisch
épiler epileren
épinards de spinazie
éponge de spons
épouse de echtgenote
épuisé uitgeput
équipe het team
erreur de vergissing
escalade de beklimming
escalier de trap
Espagne Spanje
Espagnol(e) de Spanjaard, de Spaanse
espagnol Spaans
espérer hopen ; **j'espère que...** ik hoop dat...
essayer proberen ; *(vêtement)* passen ; **essayer de faire quelque chose** proberen iets te doen
essence de benzine
est : à l'est (de) ten oosten (van)
estomac de maag
et en
étage de verdieping
état de toestand ; **l'État** de Staat
États-Unis de Verenigde Staten
été de zomer
éteindre *(cigarette)* uitmaken ; *(appareil)* uitdoen
étonner verbazen
étranger *(n)* de buitenlander ; **je vais à l'étranger** ik ga naar het buitenland ; **j'habite à l'étranger** ik woon in het buitenland
étranger *(adj)* buitenlands
être zijn ; **je suis Français** ik ben Fransman ; **je suis aux Pays-Bas** ik ben in Nederland ; **je suis né à Paris** ik ben in Parijs geboren
études de studie ; **faire des études de biologie** biologie studeren
étudiant de student
euro de euro
eurochèque de eurocheque
Europe Europa
européen Europees
eux zij, ze
évanouir (s') flauwvallen
évident duidelijk
excédent *(de bagages)* de overbagage
excellent uitstekend
exceptionnel buitengewoon ; **rien d'exceptionnel** niets bijzonders
excursion de excursie, *(Fl)* de uitstap
excuse het excuus
excuser (s') zich verontschuldigen ; **excusez-moi** *(pour attirer l'attention)* pardon ; *(pour s'excuser)* neemt u mij niet kwalijk
exemple het voorbeeld ; **par exemple** bijvoorbeeld
expéditeur de afzender
expliquer uitleggen
exposition de tentoonstelling
exprès expres
express snel-...
expression de uitdrukking
expresso de espresso
exprimer (s') zich uitdrukken
extraordinaire buitengewoon, bijzonder

F

face : en face (de) tegenover
fâché boos
facile (à) makkelijk (om te)
façon de manier ; **de toute façon** hoe dan ook
facteur de postbode
facture de rekening
faible zwak
faim : avoir faim honger hebben
faire doen, maken ; **ça fait 2 ans que...** het is twee jaar geleden dat... ; **ça ne fait rien** het geeft niet
fait *(n)* het feit ; **en fait** in feite ; **au fait, ...** overigens, ...
fait : *(adj)* **fait main** handgemaakt
falaise de klif
falloir moeten ; **il faut se dépêcher** we moeten ons haasten ; **il me faut des chaussures neuves** ik heb nieuwe schoenen nodig ; **il faut que j'y aille** ik moet er vandoor
famille de familie
farine het meel
fast-food de snackbar
fatigant vermoeiend
fatigué moe
faute *(erreur)* de fout
fauteuil roulant de rolstoel
faux fout
fax de fax
félicitations ! gefeliciteerd!
femme de vrouw
fenêtre het raam
fer à repasser *(Né)* de strijkbout, *(Fl)* het strijkijzer
férié : jour férié de vrije dag
ferme *(n)* de boerderij
fermé gesloten, dicht
fermer sluiten, dichtgaan
fermeture de sluiting
fermeture Éclair® de rits(sluiting)
ferry de veerboot
fesses de billen

festival het festival
fête het feest ; **faire la fête** feesten
fête foraine de kermis
fête nationale de nationale feestdag
feu het vuur ; **tu as du feu ?** heb je een vuurtje? ; **au feu !** brand!
feu rouge het stoplicht
feuille *(végétale)* het blad ; *(de papier)* het vel
feux d'artifice het vuurwerk
février februari
fiancé(e) de verloofde
fier (de) trots (op)
fièvre de koorts ; **avoir de la fièvre** koorts hebben
fille *(jeune femme)* het meisje ; *(de parents)* de dochter
film de film
fils de zoon
fin *(n)* het einde ; **à la fin de** aan het einde van
finalement ten slotte
finir eindigen
Flamand(e) de Vlaming, de Vlaamse
flamand Vlaams
Flandre Vlaanderen
flash de flits
flèche de pijl
fleur de bloem
fleuve de rivier
flou vaag
foie de lever
foire *(fête foraine)* de kermis ; *(salon)* de beurs
fois de keer
folklorique folkloristisch
foncé donker
fond de bodem ; **au fond de** *(récipient)* onderin ; *(espace)* achterin
football het voetbal
forêt het bos
forfait *(prix fixe)* de pas, *(Fl)* het forfait
forme de vorm ; **en (pleine) forme** in (top)vorm
formidable fantastisch
formulaire het formulier
fort *(personne, goût)* sterk ; *(son)* hard
fou gek
foulard het sjaaltje
fouler : se fouler la cheville zijn enkel verstuiken
four de oven
fourchette de vork
fourmi de mier
fourrière de wegsleepdienst
fracture de breuk
fragile breekbaar
frais *(temps)* fris ; *(aliment)* vers ; *(boisson)* koud
fraise de aardbei
framboise de framboos
Français(e) de Fransman, de Française
français Frans
France Frankrijk
franchement eerlijk gezegd
frein de rem ; **frein à main** de handrem
freiner remmen
frère de broer
frigidaire® de koelkast
frit gefrituurd
frites de patat, de friet
froid koud ; **il fait froid** het is koud ; **avoir froid** het koud hebben ; **prendre froid** kou vatten
fromage de kaas
front het voorhoofd
frontière de grens
fruit de vrucht
fruits de mer het zeebanket
fuite de lek
fumer roken
fumeur de roker ; **fumeurs/non-fumeurs** *(salle, compartiment)* roken/niet-roken
fusible de zekering

G

gâcher verspillen
gagner *(argent)* verdienen ; *(temps)* winnen
galerie de galerie
gant de handschoen
gant de toilette de washand
garage de garage
garantie de garantie
garçon *(enfant)* de jongen ; *(serveur)* de ober
garder houden, bewaren
gardien de bewaker
gare het station
gare routière het busstation
garer (se) parkeren
gâteau de taart ; **petit gâteau** het koekje
gâteau sec het koekje
gauche links ; **à gauche (de)** links (van)
gaz het gas
gaze *(bandage)* het gaas
gazeux *(boisson)* met prik, koolzuurhoudend
gel *(eau gelée)* de vorst ; *(pour les cheveux)* de gel
gel douche de douchegel
gêner hinderen
généraliste *(médecin)* de huisarts
génial te gek
genou de knie
genre : quel genre de... ? wat voor soort ...?
gens de mensen
gentil aardig
glace *(eau gelée, dessert)* het ijs ; *(miroir)* de spiegel
glaçon het ijsblokje
golf het golf

gorge de keel
gothique gotisch
gourde de veldfles
goût de smaak
goûter *(n) (Né)* de snack, *(Fl)* het vieruurtje
goûter *(v)* proeven
gouttes *(pour les oreilles, les yeux)* de druppels
grâce à dankzij
grammaire de grammatica
grammes de grammen
grand groot ; *(haut)* lang
Grande-Bretagne Groot-Brittannië
grandir : j'ai grandi en France ik ben in Frankrijk opgegroeid
gras *(adj)* vet
gratuit gratis
grave ernstig ; **ce n'est pas grave** het geeft niet
Grec(que) de Griek, de Griekse
grec Grieks
Grèce Griekenland
grillé geroosterd
grippe de griep
grippe intestinale de buikgriep
gris grijs
gros dik, groot
gros mot het scheldwoord
groupe de groep ; *(de musique)* de groep, de band
guêpe de wesp
guérir beter worden
guerre de oorlog
gueule de bois de kater
guide *(livre, personne)* de gids
guide des spectacles de uitkrant
guitare de gitaar
gynécologue de gynaecoloog

H

habiller (s') zich aankleden
habiter wonen
habitude de gewoonte ; **d'habitude** gewoonlijk ; **avoir l'habitude (de)** de gewoonte hebben (te)
hamburger de hamburger
hanche de heup
handball het handbal
handicapé *(adj)* gehandicapt
haricots de bonen
haricots verts de sperziebonen
hasard : par hasard toevallig ; **au hasard** op goed geluk
haschich de hasj
haut : en haut boven
haut *(adj)* hoog
héberger onderbrengen
hémorroïdes de aambeien
herbe het gras
hésiter aarzelen
heure het uur ; **à quelle heure… ?** hoe laat…? ; **à 5 heures** om vijf uur ; **à l'heure** op tijd ; **à tout à l'heure** tot straks
heure locale de lokale tijd
heureusement gelukkig
heureux gelukkig
hier gisteren ; **hier soir** gisteravond
histoire *(passé)* de geschiedenis ; *(récit)* het verhaal
hiver de winter
Hollandais(e) de Nederlander, de Nederlandse
hollandais Nederlands, Hollands
Hollande Nederland, Holland
homard de kreeft
homéopathie de homeopathie
homme de man
homosexuel homoseksueel
honnête eerlijk
hôpital het ziekenhuis
horaires *(d'ouverture)* de openingstijden ; *(de trains)* de vertrektijden ; *(dépliant)* de dienstregeling
horrible afschuwelijk
hors service buiten gebruik
hôtel het hotel
huile de olie
huître de oester
humide vochtig
humour de humor
hypertension de hoge bloeddruk
hypotension de lage bloeddruk

I

ici hier ; **d'ici** *(lieu)* van hier ; **d'ici un quart d'heure** over een kwartier
idée het idee
idiot idioot
il hij
il y a… *(sing)* er is…/*(plur)* er zijn… ; **il y a 2 ans** twee jaar geleden
île het eiland
ils zij, ze
immeuble *(bâtiment)* het gebouw ; *(d'habitation)* de flat
imperméable *(n)* de regenjas
important belangrijk
importer : n'importe quoi wat dan ook ; **tu dis n'importe quoi** je zegt maar wat

impossible onmogelijk
impression de indruk ; **avoir l'impression de** de indruk hebben dat
impressionnant indrukwekkend
imprimer *(texte)* printen
incendie de brand
indépendant onafhankelijk
indicatif *(téléphonique)* het netnummer
infection de infectie
infirmière de verpleegster
informations *(renseignements)* de informatie ; *(nouvelles)* het nieuws
initiales de initialen
inoubliable onvergetelijk
inquiéter (s') zich ongerust maken
inscrire (s') zich inschrijven
insecte het insect
insolation de zonnesteek
insomnie de slapeloosheid
instant : un instant, s'il vous plaît een ogenblikje alstublieft
instrument *(de musique)* het instrument
insulte de belediging
intelligent intelligent
intention : avoir l'intention de van plan zijn te
interdit verboden
intéressant interessant
intérieur : à l'intérieur binnen
international internationaal
Internet het internet
intoxication alimentaire de voedselvergiftiging
invité(e) de gast
inviter uitnodigen
Italie Italië
Italien(enne) de Italiaan, de Italiaanse
italien Italiaans

J

jamais nooit
jambe het been
jambon de ham, *(Fl)* de hesp
janvier januari
Japon Japan
Japonais(e) de Japanner, de Japanse
japonais Japans
jardin de tuin
jardin botanique de botanische tuin
jaune geel
je ik
jean(s) de spijkerbroek
jetable wegwerp-... ; **rasoirs jetables** de wegwerpscheermesjes
jeter gooien ; *(à la poubelle)* weggooien
jeu het spel
jeu vidéo het videospel
jeudi donderdag
jeune *(n)* de jongere
jeune *(adj)* jong
jogging *(sport)* het joggen ; *(tenue)* het joggingpak
joli mooi
jouer *(à un jeu)* spelen ; *(d'un instrument)* spelen ; **ça joue à...** het wordt in ... gespeeld
jouet het speelgoed
jour de dag ; **de nos jours** vandaag de dag
journal de krant
journée de dag
juillet juli
juin juni
jumeaux de tweeling
jumelles *(pour voir)* de verrekijker
jupe de rok
jus het sap
jus de fruit het vruchtensap
jusqu'à tot
juste *(équitable)* rechtvaardig ; **tout juste** maar net ; **juste avant/un peu** net voor/een beetje

K

kayak de kajak
kilomètre de kilometer
kiosque à journaux de krantenkiosk
kleenex® het papieren zakdoekje
K-way® het regenjack

L

la *(article)* de, het
la *(pronom complément)* haar, hem, het
là daar
là-bas daar(ginds)
lac het meer
lacets de veters
là-haut daarboven
laine de wol
laisser *(permettre)* laten ; *(abandonner)* achterlaten ; **laisser tranquille** met rust laten ; **laisser tomber** laten zitten
lait de melk
lait après-soleil de aftersun
lait demi-écrémé de halfvolle melk
lait écrémé de magere melk
lait entier de volle melk
lait hydratant de bodymilk
laitue de (groene) sla

lame de rasoir het scheermesje
lampe de lamp
lampe de poche de zaklamp
langouste de langoest
langue *(organe)* de tong ; *(langage)* de taal
lapin het konijn
large breed
lavabo de wastafel
lave-vaisselle de afwasmachine
laver wassen ; **se laver** zich wassen ; **se laver les dents** zijn tanden poetsen ; **se laver les cheveux** zijn haar wassen
laverie de wasserette
le *(article)* de, het
le *(pronom)* hem
léger licht ; *(vêtement)* dun
légume de groente
légumes secs de peulvruchten
légumes verts de verse groente
lentement langzaam
lentilles *(légume)* de linzen ; *(de contact)* de lenzen
les *(article)* de ; *(pronom)* ze, hen
lessive het wasmiddel ; **faire la lessive** de was doen
lettre *(de l'alphabet)* de letter ; *(courrier)* de brief
leur *(pronom personnel complément)* hen, hun ; **je le leur dirai** ik zal het hun zeggen
leur(s) *(adjectif possessif)* hun
lever (se) opstaan
levée *(du courrier)* de lichting
lèvre de lip
librairie de boekhandel
libre *(chambre, personne)* vrij ; *(toilettes, place)* onbezet, vrij
lieu de plaats ; **au lieu de** in plaats van
ligne de bus de (bus)lijn
ligne de métro de metrolijn
limonade de frisdrank, *(Fl)* de limonade
linge sale de vuile was
liquide : payer en liquide contact betalen
liquide vaisselle het afwasmiddel
lire lezen
lit het bed
litre de liter
livre het boek
location de verhuur
logement het onderdak
loin ver ; **loin de** ver van
longtemps lang
lorsque toen
louer *(prendre en location)* huren ; *(donner en location)* verhuren
lourd zwaar ; *(temps)* drukkend
loyer de huur
lui hem, haar, hij
lumière het licht
lundi maandag
lune de maan
lune de miel de wittebroodsweken
lunettes de bril
lunettes de soleil de zonnebril
Luxembourg Luxemburg
Luxembourgeois(e) de Luxemburger, de Luxemburgse
luxembourgeois Luxemburgs
lycée de middelbare school

M

ma mijn
machine à laver de wasmachine
Madame mevrouw
Mademoiselle mejuffrouw
magasin de winkel
magazine het tijdschrift
magnifique prachtig
mai mei
maigre mager
maillot de bain *(pour femme)* het badpak ; *(pour homme)* de zwembroek
main de hand
maintenant nu
mairie het stadhuis
mais maar
maïs de maïs
maison het huis ; **à la maison** thuis
maître nageur badmeester
mal de pijn ; **avoir mal** pijn hebben ; **avoir mal au cœur** misselijk zijn ; **avoir mal à la tête/à la gorge/au ventre** hoofdpijn/keelpijn/buikpijn hebben ; **avoir le mal de mer** zeeziek zijn ; **avoir du mal à** moeite hebben met ; **pas mal** niet slecht ; *(assez)* best veel
mal *(adv)* slecht
malade ziek
maladie de ziekte
malentendu het misverstand
malheureusement helaas
malpoli ongemanierd
manche de mouw

mandat international de internationale postwissel
manger eten
manière manier ; **de toute manière** in ieder geval
manquer missen ; **il (me) manque deux...** ik mis twee...
manteau de jas
marchand de winkelier ; **marchand de journaux** de tijdschriftenhandel
marchandise de koopwaar
marche *(d'escalier)* de trede ; *(à pied)* het wandelen ; **faire de la marche** wandelen ; **marche avant** de vooruit ; **marche arrière** de achteruit
marché de markt
marcher *(à pied)* lopen ; *(fonctionner)* werken
mardi dinsdag
marée basse/haute de eb/vloed
mari de man, de echtgenoot
mariage het huwelijk
marié getrouwd
marre : en avoir marre de quelque chose ergens genoeg van hebben
marron *(n) (fruit)* de kastanje
marron *(adj) (couleur)* bruin
mars maart
match de wedstrijd
matelas het matras
matelas pneumatique het luchtbed
matériel het materiaal
matin de ochtend
mauvais slecht ; **il fait mauvais** het is slecht weer
maximum maximum-...
mayonnaise de mayonaise
me mij, me
mec de vent
méchant gemeen
médecin de dokter
médicament het medicijn, het geneesmiddel
médiéval middeleeuws
meilleur beter ; **le meilleur** de beste ; **meilleur que...** beter dan...
mélanger mengen
melon de meloen
membre *(d'un club)* het lid
même zelfde ; **même eux** zelfs zij ; **même si** zelfs als ; **moi-/lui-même** ik-/hijzelf
ménage : faire le ménage het huishouden doen
mentir liegen
menton de kin
menu het menu
mer de zee ; **la mer Méditerranée** de Middellandse Zee ; **la mer du Nord** de Noordzee
merci dank u wel, bedankt ; **merci beaucoup** hartelijk dank ; **non merci** nee bedankt
mercredi woensdag
mère de moeder
merveilleux prachtig
mes mijn
message de boodschap, het bericht
messe de mis
métier het beroep
mètre de meter
métro de metro
mettre *(à l'horizontale)* leggen ; *(à la verticale)* zetten ; *(vêtement)* aantrekken
micro-ondes de magnetron
midi het middaguur
miel de honing
mien : le mien/la mienne de/het mijne
mieux beter ; **mieux que...** beter dan...
mignon schattig, leuk
milieu het midden ; **au milieu (de)** te midden (van) ; **en milieu de** te midden van
minérale mineraal- ; **eau minérale** mineraalwater
minimum minimum-...
minuit middernacht
minute de minuut
mobylette® de brommer
moche lelijk
mode de mode ; **à la mode** in de mode
moderne modern
moi ik, mij
moins minder ; **au moins** minstens ; **moins que** minder dan ; **moins le quart** kwart voor
mois de maand
moitié de helft
moment het moment ; **un moment** een momentje ; **en ce moment** op dit moment ; **pour le moment** vooralsnog ; **à ce moment-là** op dat ogenblik
mon mijn
monastère het klooster
monde de wereld ; **tout le monde** iedereen ; **il y a du monde** het is erg druk
monnaie het kleingeld ; **faire de la monnaie** geld wisselen ; **rendre la monnaie** geld teruggeven
Monsieur meneer, mijnheer
montagne de berg
montre het horloge
montrer aanwijzen, tonen
monument het monument

morceau : un morceau de... een stuk...
morsure de beet
mort *(n)* de dood
mort *(adj)* dood
mosquée de moskee
mot het woord ; *(note écrite)* het briefje
moteur de motor
moto de motor(fiets)
mouche de vlieg
mouchoir de zakdoek
mouillé nat
moules de mosselen
mourir sterven
mousse à raser het scheerschuim
moustache de snor
moustique de mug
moutarde de mosterd
mouton het schaap
moyen *(n)* het middel
moyen *(adj)* gemiddeld ; **durée moyenne** de gemiddelde duur
Moyen-Âge de Middeleeuwen
muet stom
mur de muur
mûr rijp
muscle de spier
musée het museum
musique de muziek
musulman islamitisch

N

nager zwemmen
naître geboren worden ; **je suis né le/en...** ik ben op/in... geboren
natation het zwemmen
nationalité de nationaliteit
nature de natuur
nausée : avoir la nausée misselijk zijn
navette de shuttlebus
nécessaire nodig
négatif *(n)* het negatief
neige de sneeuw
neiger sneeuwen
nerveux zenuwachtig
Nescafé® de oploskoffie
nettoyer schoonmaken
neuf nieuw
nez de neus
ni... ni... noch... noch...
nocturne *(n)* de koopavond ; *(Fl)* de nocturne
Noël Kerstmis ; **joyeux Noël !** vrolijk kerstfeest!
noir zwart ; **noir et blanc** zwart-wit
noisette *(fruit)* de hazelnoot ; *(café)* de koffie met een scheutje melk
noix de walnoot
nom de naam
nombre het aantal, het getal
nom de famille de achternaam
nom de jeune fille de meisjesnaam
non nee ; **moi non plus** ik ook niet
nord : au nord (de) ten noorden (van)
normal normaal
nos ons, onze
note *(facture)* de rekening
noter *(écrire)* opschrijven
notre ons, onze
nôtre : le/la nôtre de/het onze
nourriture het voedsel
nous wij, we
nouveau nieuw ; **à nouveau** opnieuw
nouvel an de nieuwjaarsdag
nouvelle het nieuwtje ; **bonne/mauvaise nouvelle** het goede/slechte nieuws ; **les nouvelles** het nieuws
novembre november
nu naakt
nuage de wolk
nuit de nacht ; **bonne nuit** goedenacht, welterusten
nul waardeloos ; **nulle part** nergens
numéro het nummer
numéro de téléphone het telefoonnummer
numéro d'immatriculation het kenteken

O

objectif *(photographique)* de lens
occasion de gelegenheid ; **d'occasion** tweedehands
occupé *(téléphone)* in gesprek ; *(WC)* bezet ; **je suis très occupé** ik heb het heel druk
occuper : s'occuper de zich bezighouden met
océan de oceaan
octobre oktober
odeur de geur
œil het oog
œuf het ei
œuf à la coque het zachtgekookte ei
œuf dur het hardgekookte ei
œufs brouillés het roerei
œuf sur le plat het gebakken ei
œuvre d'art het kunstwerk

office de tourisme het VVV-kantoor
offrir aanbieden, cadeau geven
oignon de ui
oiseau de vogel
ok oké
olives de olijven
ombre de schaduw ; **à l'ombre** in de schaduw
omelette de omelet
on men ; *(nous)* wij, we ; **on dit que...** men zegt dat...
oncle de oom
ongle de nagel
opéra de opera
opérer : se faire opérer geopereerd worden
opticien de opticien
or het goud ; **en or** gouden
orage het onweer
orange *(n) (fruit)* de sinaasappel
orange *(adj) (couleur)* oranje
orchestre het orkest
ordinateur de computer
ordinateur portable de laptop
ordures de vuilnis
oreille het oor
oreiller het hoofdkussen
organiser organiseren
original origineel
origine de herkomst ; **être d'origine...** komen uit...
os het bot
oser durven
ou of
où waar ; **où est... ?** waar is...? ; **où sont... ?** waar zijn...? ; **où vas-tu ?** waar ga je heen? ; **d'où viens-tu ?** waar kom je vandaan?
oublier vergeten
ouest : à l'ouest (de) ten westen (van)
oui ja
ouvert open, geopend
ouvre-boîtes de blikopener
ouvre-bouteilles de flesopener
ouvrir openen

P

page de bladzijde
pain het brood
pâle bleek
pamplemousse de grapefruit
panne de pech ; **tomber en panne** pech hebben ; **être en panne d'essence** geen benzine meer hebben
panneau *(de signalisation)* het bord
pansement de pleister
pantalon de broek
papeterie de kantoorboekhandel
papier het papier ; **papiers (d'identité)** de papieren
papier à cigarette de vloeitjes
papier alu het aluminiumfolie
papier-cadeau het cadeaupapier
papier-toilette het toiletpapier
Pâques Pasen ; **joyeuses Pâques !** vrolijk Pasen!
paquet het pak ; *(de cigarettes)* het pakje
paraître : il paraît que... het schijnt dat...
par per, door, via ; **par jour/heure** per dag/uur ; **je passe par Paris** ik ga via Parijs
parapluie de paraplu
parasol de parasol
parc het park
parce que omdat
pardon *(je m'excuse)* pardon ; *(s'il vous plaît)* neemt u mij niet kwalijk
pare-brise de voorruit
pare-chocs de bumper
pareil hetzelfde
parents de ouders
parfait perfect
parfum *(cosmétique)* het parfum ; *(arôme)* de geur
parking de parking
parler praten, spreken
parmi onder
partager delen
partie het gedeelte ; **faire partie de** deel uitmaken van
partir vertrekken ; **à partir de** vanaf
partout overal
pas : ne... pas niet ; **pas du tout** helemaal niet
passage : être de passage op doorreis zijn
passager(ère) de passagier
passé *(n)* het verleden
passeport het paspoort
passer *(du temps)* doorbrengen ; **je suis passé vers 6 heures** ik ben rond een uur of zes langsgeweest ; **passer prendre quelqu'un** iemand ophalen ; **passer un coup de téléphone** een telefoontje plegen
passionnant boeiend
pastèque de watermeloen
pâte het deeg
pâtes de pasta
patient *(adj)* geduldig
patiner schaatsen

patins à glace de schaatsen
pâtisserie *(gâteau)* het gebak ; *(magasin)* de banketbakkerij
patron de baas
pauvre arm
payant betalend
payer betalen
pays het land
paysage het landschap
Pays-Bas Nederland
PCV de collect call ; **appeler en PCV** een collect call maken
péage de tol
peau de huid
pêche *(fruit)* de perzik ; **avoir la pêche** in vorm zijn
pêcher vissen
peigne de kam
peine het verdriet ; **à peine** nauwelijks ; **ça vaut la peine** het is de moeite waard
peinture de schilderkunst
pellicule *(photo)* het (foto)rolletje
pendant tijdens ; **pendant une heure** een uur lang ; **pendant que** terwijl
pension complète het volpension
penser denken ; **penser à** denken aan
perdre verliezen ; **se perdre** verdwalen ; **être perdu** de weg kwijt zijn ; **perdre du temps** tijd verliezen
père de vader
périmé verlopen
permettre toestaan
permis de conduire het rijbewijs
personne *(n)* de persoon
personne *(pronom)* niemand
personnellement persoonlijk
petit klein ; **petit à petit** beetje bij beetje
petit déjeuner het ontbijt
petits pois de (dop)erwten
peu weinig ; **peu de** weinig ; **un peu (de)** een beetje ; **à peu près** ongeveer
peuple het volk
peur : avoir peur (de) bang zijn (om te)
peut-être misschien
pharmacie (de garde) de (wachtdoende) apotheek
photo de foto ; **prendre en photo** fotograferen ; **prendre une photo/des photos** een foto/foto's maken
photocopie de fotokopie
phrase de zin
pièce *(monnaie)* het muntstuk ; *(lieu)* de kamer
pièce de rechange het reserveonderdeel
pièce de théâtre het toneelstuk
pied de voet ; **à pied** te voet
pierre de steen
piéton de voetganger ; **zone piétonne** de voetgangerszone
pile de batterij
pilule de pil ; **prendre la pilule** de pil slikken
pilule du lendemain de morning-afterpil
piment de Spaanse peper
pince à épiler de pincet
pipe de pijp
pipi : faire pipi plassen
pique-nique de picknick
pique-niquer picknicken
piquer steken ; **se faire piquer (par)** gestoken worden (door)
piqûre *(injection)* de prik ; *(d'insecte)* de steek
pire erger
piscine het zwembad
piste cyclable het fietspad
pizza de pizza
pizzeria de pizzeria
place *(siège, ticket)* de plaats ; *(lieu public)* het plein ; **il n'y a plus de place** er is geen plaats meer ; **sur place** ter plekke
place de parking de parkeerplaats
plage het strand
plaie de wond
plaindre (se) klagen
plaire bevallen ; **s'il te/vous plaît** alsjeblieft/alstublieft ; **ça me plaît** dat vind ik leuk
plaisanter een grapje maken
plaisir het plezier ; **faire plaisir à quelqu'un** iemand een plezier doen
plan *(carte)* de plattegrond, de kaart
planche à voile *(sport)* het windsurfen
planche de surf de surfplank
plante de plant
plaque électrique de elektrische kookplaat
plaqué : plaqué or/argent verguld, verzilverd
plastique het plastic
plat *(n) (récipient)* het bord ; *(préparation)* het gerecht
plat *(adj)* plat
plat de résistance het hoofdgerecht
plat du jour de dagschotel
plâtre : avoir un plâtre in het gips zitten
plein : *(n)* **faire le plein (d'essence)** de tank volgooien
plein *(adj)* vol ; **plein de** vol met
pleurer huilen
pleuvoir regenen ; **il pleut** het regent
plombage *(d'une dent)* de vulling
plombier de loodgieter
plongée (sous-marine) het (diepzee)duiken ; **faire de la plongée** duiken
pluie de regen

plupart : la plupart (de) de meeste
plus meer ; **il n'y a plus de...** *(sing)* er is geen... meer/*(plur)* er zijn geen... meer ; **plus que** meer dan ; **à plus tard !** tot later!
plusieurs meerdere
plutôt eerder
pneu de band
poche de zak
poêle de koekenpan
poignet de pols
poil het haar
point de punt ; **être sur le point de** op het punt staan om te ; **à point** medium
point de repère het oriëntatiepunt
pointure de (schoen)maat
poire de peer
poireau de prei
pois de erwt
poisson de vis
poissonnerie de viswinkel
poitrine de borst
poivre de peper
poivron de paprika
poli beleefd
police de politie
policier de (politie)agent
pommade de zalf
pomme de appel
pomme de terre de aardappel
pompe à vélo de fietspomp
pompiers de brandweer
pont de brug
porc het varken
port de haven
portable *(n) (téléphone)* de mobiele telefoon
porte de deur ; *(d'aéroport)* de gate
portefeuille de portefeuille
porte-monnaie de portemonnee
porter dragen
portrait het portret
Portugais(e) de Portugees, de Portugese
portugais Portugees
Portugal Portugal
possible mogelijk ; **le plus tôt possible** zo vroeg mogelijk
poste het postkantoor
pot *(de confiture, de fleurs)* de pot
potable drinkbaar ; **non potable** niet drinkbaar
poubelle de vuilnisbak; **mettre à la poubelle** weggooien
poudre het poeder
poule de hen
poulet de kip
poumon de long
pour voor ; **pour que** opdat, zodat ; **pour cent** het procent
pourboire de fooi
pourquoi waarom
pousser duwen
poussette de kinderwagen
pouvoir kunnen
pratique handig
précédent vorig(e)
préféré lievelings- ; **livre préféré** lievelingsboek
préférer liever willen
premier eerste
prendre nemen ; **ça prend 2 heures** het duurt twee uur
prénom de voornaam
préparer voorbereiden ; *(repas)* klaarmaken
près dichtbij ; **(tout) près de** vlakbij
présenter : je te présente... dit is...
préservatif het condoom
préservé bewaard
presque bijna
pressé : être pressé haast hebben
pressing de stomerij
pression *(bière)* het biertje (van de tap) ; *(de pneu)* de druk
prêt klaar ; **être prêt** klaar zijn ; **être prêt à** klaar zijn om te
prêter lenen
prêtre de priester
prévenir waarschuwen
prévisions météo de weersvoorspelling
prévoir *(activité)* iets te doen hebben ; *(temps)* voorspellen
prier : je t'/vous en prie geen dank, graag gedaan
principal hoofd-...
printemps de lente
prise *(électrique)* het stopcontact **privé** privé-
prix de prijs
probablement waarschijnlijk
problème het probleem
prochain volgend(e) ; **à la prochaine !** tot de volgende keer!
proche dichtbij ; **le/la plus proche** de/het dichtsbijzijnde
produit het product
professeur *(homme)* de leraar ; *(femme)* de lerares
profession het beroep
profiter de profiteren van
profond diep
programme *(de télévision, des spectacles)* het programma
progrès : faire des progrès vooruitgang maken
promener (se) wandelen ; **aller se promener** gaan wandelen, een wandeling maken
promettre beloven
promotion de aanbieding
prononcer uitspreken
proposer voorstellen
propre schoon ; *(particulier)* eigen
propriétaire de eigenaar

protéger beschermen ; **se protéger** zich beschermen
protestant protestants
prudent voorzichtig
prune de pruim
public *(n)* het publiek ; *(adj)* openbaar
publicité de reclame
pull de trui
pyjama de pyjama

Q

quai *(de gare, de métro)* het perron ; *(de port)* de kade
qualité de kwaliteit
quand wanneer ; **quand même** toch
quart het kwart ; **un quart d'heure** een kwartier
quartier de buurt
que dat ; *(seulement)* slechts ; **que faites-vous ?** wat doet u? ; **qu'est-ce que... ?** wat...? ; **plus petit que** kleiner dan ; **je pense que...** ik denk dat...
quel welk(e), wat
quelque chose iets
quelquefois soms
quelque part ergens
quelques enkele
quelques-un(e)s sommige(n)
quelqu'un iemand
question de vraag ; **poser une question** vragen, een vraag stellen
queue *(file)* de rij ; **faire la queue** in de rij staan
qui (*pronom interrogatif*) wie ; (*pronom relatif*) die, dat
quitter verlaten ; **ne quittez pas** blijft u aan de lijn
quoi wat ; **il n'y a pas de quoi** geen dank, graag gedaan
quoique alhoewel

R

rabais : faire un rabais korting geven
raccourci de kortere weg
raconter vertellen
radiateur de radiator
radio *(transistor)* de radio ; *(rayons X)* de röntgenfoto
rage de dents de kiespijn
raisin de druif
raisins secs de rozijnen
randonnée de wandeling ; **faire de la/une randonnée** wandelen
ranger opruimen
rapatrier repatriëren
rapide snel
rappeler *(au téléphone)* terugbellen ; **se rappeler** zich herinneren ; **ça me rappelle...** dat doet me denken aan...
raquette het racket
rare zeldzaam
rarement zelden
raser (se) zich scheren
rasoir het scheermes
rasoir électrique het scheerapparaat
rater *(train, avion)* missen
ravi dolblij ; **ravi de faire votre connaissance** het is me een waar genoegen kennis met u te maken
rayon *(d'un magasin)* de afdeling
rayons X de röntgenstralen
réalité : en réalité in werkelijkheid
récent recent
réception *(d'un hôtel)* de receptie ; *(sur portable)* het bereik ; **à la réception** bij de receptie
réceptionniste de receptionist(e)
recette het recept
recevoir ontvangen ; **je te reçois très mal** *(sur portable)* het bereik is heel slecht
rechange : de rechange extra
recharger *(portable)* opladen
recommandé : en recommandé aangetekend
recommander aanbevelen, aanraden
reconnaissant dankbaar
reconnaître herkennen
reçu de rekening
réduction de korting
réfléchir nadenken
réfrigérateur de koelkast
refuge de schuilplaats
refuser weigeren
regarder kijken
régime het dieet ; **être au régime** lijnen
région de streek ; **dans la région** in de streek
règles de menstruatie ; **avoir ses règles** ongesteld zijn
regretter spijt hebben (van)
rein de nier
reine de koningin
rejoindre ontmoeten
religieuse *(n)* de non
religion de religie
remarquer opmerken
rembourser terugbetalen ; **se faire rembourser** declareren

remercier bedanken
remparts de stadswal
remplir vullen ; *(formulaire)* invullen
rencontrer ontmoeten ; **se rencontrer** elkaar ontmoeten
rendez-vous de afspraak ; **prendre un rendez-vous** een afspraak maken ; **se donner rendez-vous** afspreken ; **avoir rendez-vous (avec)** een afspraak hebben (met)
rendre teruggeven
renseignement de inlichting ; **les renseignements** de inlichtingen
rentrer *(à la maison)* naar huis gaan
renverser omgooien ; **se faire renverser** aangereden worden
réparer repareren ; **faire réparer** laten repareren
repas de maaltijd
repasser *(vêtement)* strijken
répéter herhalen
répondeur het antwoordapparaat
répondre antwoorden
réponse het antwoord
reposer (se) uitrusten
réservé gereserveerd
réserver reserveren
ressembler à lijken op ; **se ressembler** op elkaar lijken
restaurant het restaurant
reste : le reste de rest
rester blijven ; **est-ce qu'il reste des places ?** zijn er nog plaatsen vrij?
retard de vertraging ; **en retard** te laat
retardé vertraagd
retirer *(de l'argent)* opnemen
retour de terugreis ; **être de retour** terug zijn
retrait des bagages de bagageband
retraite het pensioen ; **être à la retraite** met pensioen zijn
retraité de gepensioneerde
retrouver (se) *(rendez-vous)* elkaar ontmoeten
réunion de vergadering
rêve de droom
réveil de wekker
réveiller wekken ; **se réveiller** wakker worden
revenir terugkomen
rêver dromen
revoir (se) elkaar terugzien ; **au revoir** tot ziens
revue het tijdschrift
rez-de-chaussée de begane grond
rhum de rum
rhumatismes de reumatiek
rhume de verkoudheid
rhume des foins de hooikoorts
riche rijk
rien niets, niks
rigoler *(rire)* lachen ; *(s'amuser)* lol hebben ; *(plaisanter)* een grapje maken
rire lachen
risque het risico
risquer : il risque de pleuvoir we krijgen regen
rivière de rivier
riz de rijst
robe de jurk
robinet de kraan
rocher de rots
roi de koning
rollers de rollerblades, de skeelers
romantique romantisch
rond-point de rotonde
ronfler snurken
rose *(n) (fleur)* de roos
rose *(adj) (couleur)* roze
roue het wiel
roue de secours het reservewiel
rouge rood
rouge à lèvres de lippenstift
route de weg
rouvrir weer opengaan
Royaume-Uni Groot-Brittannië
rue de straat
rugby het rugby
ruines de ruïnes ; **en ruines** vervallen

S

sa *(possesseur masc)* zijn ; *(possesseur fém)* haar
sable het zand
sac de tas
sac à dos de rugzak
sac à main de handtas
sac de couchage de slaapzak
sachet de thé het theezakje
sac plastique het plastic tasje
sac poubelle de vuilniszak
sage braaf
saignant rood
saigner bloeden
saison het seizoen
salade de salade
sale vies, vuil
salé zout
salir vuilmaken ; **se salir** vuil worden
salle de kamer, de zaal ; **salle de cinéma** de bioscoopzaal ; **salle de concert** de concertzaal
salle de bains de badkamer
salon de woonkamer
salut ! *(bonjour)* hallo! ; *(au revoir)* dag!
samedi zaterdag

sandales de sandalen
sandwich de sandwich, het broodje
sang het bloed
sans zonder
santé de gezondheid ; **être en bonne santé** in goede gezondheid verkeren ; **santé !** proost!
sardine *(poisson)* de sardine ; *(de tente)* de haring
sauce de saus
saucisse de worst
saucisson de worst
sauf behalve
saumon de zalm
sauvage wild
sauvegarder *(sur ordinateur)* opslaan
savoir weten
savon de zeep
scooter de scooter
Scotch® het plakband
sculpture het beeldhouwwerk
sec droog
sèche-cheveux de föhn
sécher drogen ; **faire sécher** *(linge)* laten drogen
sécheresse de droogte
seconde de seconde
secours de hulp ; **au secours !** help! ; **appeler au secours** om hulp roepen
secret het geheim
secrétaire de secretaris, de secretaresse
sécurité de veiligheid ; **en sécurité** in veiligheid
sein de borst
séjour het verblijf
sel het zout
semaine de week ; **en semaine** door de week ; **toute la semaine** de hele week
sens *(direction)* de richting ; *(signification)* de betekenis
sensible gevoelig
sentier het pad
sentir *(percevoir)* voelen ; *(dégager une odeur)* ruiken ; **sentir bon/mauvais** lekker ruiken/stinken ; **se sentir** zich voelen ; **se sentir bien/mal** zich goed/slecht voelen
séparément apart
séparer scheiden ; **se séparer** uit elkaar gaan
septembre september
sérieux serieus
serré strak
serrure het slot
serveur(euse) de ober, de serveerster
service *(pourboire)* de bediening ; *(faveur)* de dienst ; **rendre un service** een dienst verlenen
serviette *(de toilette)* de handdoek ; *(de table)* het servet
serviette de bain de badhanddoek
serviette en papier het papieren servetje
serviette hygiénique het maandverband
servir : servir à dienen tot ; **se servir de** gebruiken
ses *(possesseur masc)* zijn ; *(possesseur fém)* haar
seul alleen ; **un seul** slechts een ; **voyager seul** alleen reizen
seulement alleen maar
sexe *(sexualité)* de seks ; *(genre)* het geslacht
shampooing de shampoo
shopping het winkelen ; **aller faire du shopping** gaan winkelen
short de shorts
si *(à condition que)* als ; *(tellement)* zo ; *(oui)* jawel
sida de aids
siècle de eeuw ; **au XIXe siècle** in de negentiende eeuw
sien : le sien/la sienne *(possesseur masc)* de/het zijne ; *(possesseur fém)* de/het hare
sieste het middagdutje ; **faire la sieste** een middagdutje doen
signer (onder)tekenen
signifier betekenen
silence de stilte
simple eenvoudig
sinon anders
sirop *(médicament)* de siroop
site Internet de internetsite
situation de situatie
ski *(materiel)* de ski ; *(activité)* het skiën ; **faire du ski** skiën
ski nautique het waterskiën
slip *(d'homme)* de onderbroek ; *(de femme)* het slipje
slip de bain de zwembroek
société *(entreprise)* de onderneming
sœur de zus
soie de zijde
soif : avoir soif dorst hebben
soir de avond ; **ce soir** vanavond ; **le soir** 's avonds
soirée *(soir)* de avond ; *(fête)* het feestje ; **dans la soirée** in de loop van de avond
sol *(dehors)* de grond ; *(à l'intérieur)* de vloer
soldes de uitverkoop ; **en soldes** in de uitverkoop
soleil de zon ; **au soleil** in de zon
sommeil : avoir sommeil slaap hebben
sommet de top
son *(possesseur masc)* zijn ; *(possesseur fém)* haar
sortie de uitgang ; *(d'autoroute)* de afslag
sortie de secours de nooduitgang
sortir uitgaan ; **sortir avec quelqu'un** met iemand uitgaan ; **sortir les poubelles** de vuilnis buitenzetten
souci de zorg

souffrir lijden
souhait de wens ; **à tes/vos souhaits !** gezondheid!
soûl dronken
soupe de soep
sourd doof
sourire *(v)* glimlachen
souris de muis
sous onder
sous-titré ondertiteld
sous-vêtements het ondergoed
soutien-gorge de beha
souvenir *(n)* de herinnering ; *(objet)* het souvenir ; **en souvenir de** ter herinnering aan
souvenir : *(v)* **se souvenir (de)** zich herinneren
souvent vaak ; **pas souvent** zelden
sparadrap de pleister
spécial speciaal
spécialité de specialiteit
spectacle de voorstelling
sport de sport
sportif *(adj)* sportief
stade het stadion
stage de cursus
standardiste de telefonist, de telefoniste
station de halte
station balnéaire de badplaats
station de métro het metrostation
station-service het benzinestation
statue het (stand)beeld
steak de biefstuk
stérilet het spiraaltje
stop het liften ; **faire du stop** liften
studio *(appartement)* het eenkamerappartement
style de stijl
stylo de pen
succès het succes
sucre de suiker
sucré zoet
sucreries de zoetigheid
sud : au sud (de) ten zuiden (van)
suffire voldoende zijn ; **ça suffit** dat is genoeg ; **il suffit de...** je hoeft alleen maar...
suivant volgend(e)
suivre volgen ; **faire suivre** doorsturen
super *(n) (essence)* de super(benzine)
super *(adj)* gaaf
superbe schitterend
supermarché de supermarkt
supplément de toeslag
supplémentaire extra
supporter verdragen ; **je ne supporte pas...** ik verdraag... niet
suppositoire de zetpil
sur op
sûr zeker
surfer surfen
surgelé diepvries-... ; **les surgelés** de diepvriesproducten
surprise de verrassing
surveiller letten op
sympa leuk
synagogue de synagoge

T

ta jouw
tabac *(à fumer)* de tabak ; *(magasin)* de sigarenwinkel
table de tafel
tableau *(d'art)* het schilderij
tablette xxxxxxxx
tache de vlek
taie d'oreiller het kussensloop
taille *(grandeur)* de maat ; *(partie du corps)* het middel
talon : chaussures à talons de hoge hakken
tampon *(hygiénique)* de tampon
tant : tant mieux des te beter ; **tant pis** jammer
taper *(à l'ordinateur)* typen
tapis het tapijt, het kleed
tapis de sol de mat
tard laat ; **à plus tard** tot later ; **trop tard** te laat
tarif de prijs ; **plein tarif** de prijs
tarif réduit de kortingsprijs
tarte de taart, de vlaai
tasse het kopje
taux de change de wisselkoers
taxe de belasting ; **hors taxes** belastingvrij
taxe d'aéroport de luchthavenbelasting
taxi de taxi
te je
tee-shirt het T-shirt
téléphone de telefoon
téléphone portable de mobiele telefoon
téléphoner (à) telefoneren (met)
télévision de televisie
température de temperatuur ; **prendre sa température** zijn temperatuur opnemen
tempête de storm
temple de tempel
temporaire tijdelijk
temps *(météo)* het weer ; *(durée)* de tijd ; **de temps en temps** af en toe ; **tout le temps** voortdurend ; **avoir le temps de** tijd hebben om te
tenir houden
tennis *(sport)* het tennis ; *(chaussures)* de gympen, de sportschoenen
tension de bloeddruk

tente de tent
terminal de terminal
terrain : terrain de camping/de sports/de tennis het kampeerterrein/het sportveld/ de tennisbaan
terrasse het terras ; **en terrasse** op het terras
terre de aarde ; **par terre** op de grond
terrible vreselijk ; **pas terrible** zozo
tes je, jouw
tête het hoofd
thé de thee
théâtre de schouwburg, het theater
thermomètre de thermometer
thermos® de thermosfles
thon de tonijn
ticket het kaartje
ticket de caisse de kassabon
tiède lauw
tien : le tien/la tienne de/het jouwe
timbre de postzegel
timide verlegen
tire-bouchon de kurkentrekker
tirer trekken
tisane de kruidenthee
tissu de stof
toi jij
toilettes de toiletten ; **toilettes pour hommes/femmes** de damestoiletten/de herentoiletten
tomate de tomaat
tomber vallen ; **tomber malade** ziek worden ; **laisser tomber** laten zitten
ton jouw
tongs de slippers
torchon de vaatdoek
tôt vroeg
toucher aanraken
toujours *(tout le temps)* altijd ; *(encore)* nog steeds
tour : c'est ton tour jij bent aan de beurt
touriste de toerist
touristique toeristisch
tournée : c'est ma tournée dit rondje is van mij
tourner (om)draaien
tous, toutes allemaal, alle ; **tous les deux** allebei ; **tous les jours** iedere dag
tousser hoesten
tout alles ; **tout le temps** de hele tijd ; **tout le monde** iedereen ; **toute la journée** de hele dag ; **tout de suite** meteen ; **tout droit** rechtdoor
toux de hoest ; **avoir de la toux** de hoest hebben
tradition de traditie
traditionnel traditioneel
traduire vertalen
train de trein
traiteur de traiteur
tramway de tram
tranche *(Né)* de plak, het sneetje
tranquille rustig ; **laissez-moi tranquille !** laat me met rust!
transpirer zweten
travail het werk
travailler werken ; **travailler dans** werken in
travaux de werkzaamheden
travellers cheque de travellercheque
travers : à travers door
traverser *(rue)* oversteken
très heel, erg
triste verdrietig
tromper (se) zich vergissen
trop te ; **trop de** te veel
trou het gat
trousse de toilette de toilettas
trouver vinden
truc het ding
tu jij, je
tuer doden
TVA de btw
type *(sorte)* het soort ; *(homme)* de kerel
typique typisch

U

un(e) *(article)* een ; *(nombre)* één
Union européenne de Europese unie
université de universiteit
urgence het noodgeval ; **en cas d'urgence** in geval van nood ; **appeler les urgences** *(Né)* het alarmnummer bellen, *(Fl)* de honderd bellen
urgent dringend
usine de fabriek
utile nuttig
utiliser gebruiken

V

vacances de vakantie ; **en vacances** op vakantie ; **passer les vacances à...** op vakantie gaan naar...
vacciner : être vacciné contre ingeënt zijn tegen
vache de koe
vague *(n)* de golf
vaisselle : faire la vaisselle de afwas doen
valable (pour) geldig (voor)
validité de geldigheid ; **en cours de validité** geldig

valise de koffer ; **faire ses valises** zijn koffers pakken
vallée het dal
valoir waard zijn ; **ça vaut...** *(somme)* dat kost... ; **il vaut mieux...** het is beter...
vanille de vanille
veau het kalfsvlees
végétarien vegetarisch
vélo de fiets
vendeur(euse) de verkoper, de verkoopster
vendre verkopen ; **à vendre** te koop
vendredi vrijdag
venir komen ; **je viens de Paris** ik kom uit Parijs ; **je viens d'arriver** ik ben net aangekomen
vent de wind
ventre de buik
vérifier checken
verre het glas ; **verre d'eau/de vin** een glas water/wijn ; **boire un verre** een glaasje drinken
verrou de grendel
vers *(en direction de)* richting ; *(environ)* ongeveer
version : en version originale met ondertitels
vert groen
veste het jasje
vestiaire de garderobe
vêtement het kledingstuk ; **les vêtements** de kleding, de kleren
vétérinaire de dierenarts
veuf (veuve) de weduwnaar, de weduwe
vexé beledigd
viande het vlees
viande hachée het gehakt
vide leeg
vidéo de video(film)
vie het leven
vieux oud
villa de villa
village het dorp
ville de stad ; **vieille ville** de oude stad
vin de wijn ; **vin blanc/rouge/rosé** de witte/rode wijn/de rosé
vinaigre de azijn
vinaigrette de slasaus
viol de verkrachting
violet paars
virement *(bancaire)* de overschrijving
visa het visum
visite het bezoek ; **rendre visite à** een bezoek brengen aan
visite guidée de rondleiding
visiter bezoeken
vite snel
vitesse de snelheid ; **à toute vitesse** in volle vaart
vitraux de glas-in-loodramen
vitre het raam
vitrine : en vitrine in de etalage
vivant *(animé)* levendig
vivre leven
vœux de wensen ; **meilleurs vœux** beste wensen
voici ziehier
voilà ziedaar
voile : faire de la voile zeilen
voir zien
voisin(e) de buurman, de buurvrouw
voiture de auto ; *(d'un train)* de wagon ; **en voiture** met de auto
voix de stem
vol *(délit)* de diefstal ; *(d'avion)* de vlucht
volaille het gevogelte
voler *(dérober)* stelen ; *(dans l'air)* vliegen
voleur de dief
volley(-ball) het volleybal
vomir overgeven ; **j'ai envie de vomir** ik moet overgeven
vos uw, jullie
votre uw, jullie
vôtre : le/la vôtre het uwe
vouloir willen ; **vouloir dire** betekenen ; **je voudrais...** ik wil graag...
vous u, jullie
voyage de reis ; **bon voyage !** goede reis!
voyage d'affaires de zakenreis
voyage de noces de huwelijksreis
voyage organisé de groepsreis
voyager reizen
vrai *(indéniable)* waar ; *(réel)* echt
vraiment werkelijk
VTT de mountainbike
vue het uitzicht ; **vue sur mer** het uitzicht op zee

W

Walkman® de walkman®
W-C de wc
week-end het weekend
whisky de whisky

Y

y er ; *(avec mouvement)* erheen ; **il y a** *(sing)* er is, *(plur)* er zijn
yaourt de yoghurt
yeux de ogen

Z

zéro nul
zoo de dierentuin
zoom de zoomlens

Dictionnaire néerlandais-français

A

aanbevelen recommander
aanbieden offrir
aanbieding promotion
aandoen allumer, mettre
aangenaam agréable ; **aangenaam!** enchanté !
aangetekend en recommandé
aangeven déclarer
aangezien puisque
aangifte déclaration
aankleden : zich aankleden s'habiller
aankomen arriver ; **ik ben net aangekomen** je viens d'arriver
aankomst arrivée
aannemen accepter
aanraden conseiller, recommander
aanraken toucher
aansluiten brancher
aansluiting correspondance *(de train)*
aansteken allumer
aansteker briquet
aantal nombre
aantrekken mettre *(vêtement)*
aanvallen attaquer, agresser
aanwijzen montrer
aardappel pomme de terre
aardbei fraise
aarde terre
aardig gentil
aarzelen hésiter
abdij abbaye
abrikoos abricot
accent accent
accepteren accepter
accu batterie
achter derrière
achterlaten laisser, abandonner
achternaam nom de famille
adapter adaptateur
adres adresse
advies conseil ; **advies vragen** demander conseil
afdeling rayon
afhaal-... ... à emporter
afhangen : dat hangt van... af ça dépend de...
afnemen diminuer
Afrika Afrique
afschuwelijk affreux, horrible
afslag sortie *(d'autoroute)*
afspraak rendez-vous ; **een afspraak maken** prendre un rendez-vous ; **een afspraak hebben (met)** avoir rendez-vous (avec)
afspreken se donner rendez-vous
aftersun lait après-soleil
afwas vaisselle ; **de afwas doen** faire la vaisselle
afwasmachine lave-vaisselle
afwasmiddel liquide vaisselle
afzender expéditeur
afzetten déposer *(quelqu'un)*
afzetterij arnaque, escroquerie ; **afzetterij voor toeristen** attrape-touristes
aids sida
airconditioning climatisation
al déjà
alarmnummer : *(Né)* **het alarmnummer bellen** appeler les urgences
alcohol alcool ; **alcohol van negentig graden** alcool à 90°
algen algues
alhoewel quoique
allebei tous les deux
alleen seul ; **alleen reizen** voyager seul ; **alleen maar** seulement
allemaal tout, tous, toutes
allergisch allergique
alles tout
all-riskverzekering assurance tous risques
als si, comme
alsjeblieft s'il te plaît
alstublieft s'il vous plaît
altijd toujours
aluminiumfolie papier alu
alvorens avant de
amandel amande
ambachtelijk artisanal
Amerikaan, Amerikaanse Américain(e)
Amerikaans américain
ander autre ; **een ander(e)** un(e) autre
anders sinon ; **iets anders** autre chose ; **anders (dan)** différent (de)
angina angine
annuleren annuler
ansichtkaart carte postale
antibioticum antibiotique
antiek antique
antwoord réponse
antwoordapparaat répondeur
antwoorden répondre
apart séparément, à part
apotheek pharmacie
appel pomme
april avril
arm *(n)* bras ; *(adj)* pauvre
armband bracelet

artikel article
arts docteur, médecin
asbak cendrier
astma asthme
Atlantisch : Atlantische Oceaan l'océan Atlantique
attentie : ter attentie van… à l'attention de…
augustus août
authentiek authentique
auto voiture ; **met de auto** en voiture
avocado avocat *(fruit)*
avond soir, soirée ; **in de loop van de avond** dans la soirée ; **'s avonds** le soir
avondeten dîner *(n)*
Azië Asie
azijn vinaigre

B

baard barbe
baas patron, chef
babbelen bavarder
baby bébé
bad bain ; **een bad nemen** prendre un bain
badhanddoek serviette de bain
badkamer salle de bains
badpak maillot de bain
badplaats station balnéaire
bagage bagages
bagageband retrait des bagages
bagagedepot consigne *(pour bagages)*
bakker boulanger
bakkerij boulangerie
bal balle, ballon
balie accueil
balkon balcon
banaan banane
band pneu *(de voiture)*, groupe *(de musique)*
bang : bang zijn (om te) avoir peur (de)
bank banque, banc, sofa
banketbakkerij pâtisserie *(magasin)*
bankkaart *(Fl)* Carte Bleue®
bankpas *(Né)* Carte Bleue®
bankrekening compte bancaire
bar bar *(café)*
basiliek basilique
basketbal basket
batterij pile
bed lit ; **naar bed gaan** se coucher
bedanken remercier
bedankt merci ; **nee bedankt** non merci
bedekt *(adj)* couvert
bediening service
beeldhouwwerk sculpture
been jambe
beenhouwerij *(Fl)* boucherie
beetje : een beetje un peu (de) ; **beetje bij beetje** petit à petit
begin début ; **in het begin** au début ; **aan het begin van** en début de
beginneling débutant
beginnen commencer
begraafplaats cimetière
begrijpen comprendre
beha soutien-gorge
behalve sauf
bekend connu
beklimming escalade
belangrijk important
belasting taxe, impôt
belastingvrij hors taxes
beledigd vexé
belediging insulte
beleefd poli
Belg, Belgische Belge
België Belgique
Belgisch belge
bellen appeler
beloven promettre
beneden en bas
benzine essence ; **geen benzine meer hebben** être en panne d'essence
benzinestation station-service
berg montagne
bericht message
beroemd célèbre
beroep métier, profession
beschadigd abîmé
beschermen protéger ; **zich beschermen** se protéger
beslissen décider
besmettelijk contagieux
best meilleur ; **de/het beste** le meilleur
bestellen commander
betaalbaar abordable *(prix)*
betalen payer
betekenen signifier, vouloir dire
betekenis sens
beter *(adv)* mieux ; **beter dan** meilleur que ; **des te beter** tant mieux
beter *(adj)* meilleur ; **beter worden** guérir ; **het is beter…** il vaut mieux…
beurs foire, bourse
beurt tour ; **jij bent aan de beurt** c'est ton tour
bevallen accoucher, plaire ; **bevalt het u?** ça vous plaît ?
bevestigen confirmer
bewaard préservé
bewaker gardien
bezet occupé
bezoek visite ; **een bezoek brengen aan** rendre visite à

bezoeken visiter
bibliotheek bibliothèque
biefstuk steak
bier bière
biertje demi, pression *(bière)*
bij *(n)* abeille ; *(préposition)* chez, près de ; **bij mij** chez moi ; **bij Rotterdam** près de Rotterdam
bijna presque
bijvoorbeeld par exemple
bijzonder exceptionnel ; **niets bijzonders** rien d'exceptionnel
billen fesses
binnen dedans, à l'intérieur
binnenband chambre à air
binnengaan entrer
binnenkort sous peu ; **tot binnenkort!** à bientôt !
biologisch bio *(produits)*
bioscoop cinéma *(lieu)*
bioscoopzaal salle de cinéma
bitter amer
blaar ampoule *(sur la peau)*
blad feuille
bladzijde page
blauw bleu *(couleur)* ; **blauwe plek** bleu *(sur la peau)*
bleek pâle
blijven rester ; **blijft u aan de lijn** ne quittez pas
blik boîte *(de conserve)*
blikopener ouvre-boîtes
blind aveugle
blindedarmontsteking appendicite
bloed sang
bloeddruk tension
bloeden saigner
bloedsomloop circulation *(du sang)*
bloem fleur
bloemkool chou-fleur
blond blond
bodem fond
bodymilk lait hydratant
boei bouée
boeiend passionnant
boek livre
boekhandel librairie
boete amende
bolletje boule *(de glace)*, petit pain
bonen haricots
boodschap message ; **boodschappen doen** faire des/les courses
boom arbre
boos fâché
boot bateau
bord assiette, panneau *(de signalisation)*
borg caution
borst poitrine
borstel brosse
bos forêt
bot os
boter beurre
bougie bougie *(de voiture)*
bout cuisse *(en cuisine)*
bouwen construire ; **gebouwd in...** construit en...
boven au-dessus, en haut
braaf sage
brand incendie ; **brand!** au feu !
branden brûler
brandweer pompiers
breed large
breekbaar fragile
breken casser ; **zijn been breken** se casser la jambe
brengen apporter, amener, accompagner
breuk fracture
brief lettre *(courrier)*
brievenbus boîte aux lettres
bril lunettes
broek pantalon
broer frère
brommer mobylette®
brood pain
broodje petit pain, sandwich
brug pont
bruin marron, bronzé ; **bruin worden** bronzer
btw TVA
buik ventre
buikgriep grippe intestinale
buikpijn : buikpijn hebben avoir mal au ventre
buiten dehors ; **buiten gebruik** hors service
buitengewoon exceptionnel, extraordinaire
buitenland *(n)* étranger ; **ik ga naar/ik woon in het buitenland** je vais/j'habite à l'étranger
buitenlander, buitenlandse *(n)* étranger(ère)
buitenlands *(adj)* étranger
buitenzetten mettre dehors ; **de vuilnis buitenzetten** sortir les poubelles
bumper pare-chocs
bus autobus, bus, car
bushalte arrêt de bus
buslijn ligne de bus
busstation gare routière
buurman voisin
buurt quartier, coin ; **in de buurt** dans les environs

C

cadeau cadeau
cadeaupapier papier-cadeau
café bar, café
cafeïnevrij : cafeïnevrije koffie déca
camera caméra

camper camping-car
caravan caravane
centimeter centimètre
centrum centre
charcuterie *(Fl)* charcuterie
checken vérifier
cheque chèque
Chinees chinois
chocolade chocolat
cider cidre
circus cirque
citroen citron
clementine clémentine
code code ; **geheime code** *(Fl)* code confidentiel
cola Coca®
collect call PCV ; **een collect call maken** appeler en PCV
comfortabel confortable
commissie commission
compliment compliment
computer ordinateur
concertzaal salle de concert
condoom préservatif
conferentie conférence
consulaat consulat
contact contact ; **contact opnemen met** contacter ; **contact houden** rester en contact
contant : contant betalen payer comptant
contract contrat
coupé compartiment *(de train)*
creditcard *(Né)* carte de crédit
crisis crise
cruise croisière
cursus cours, stage

D

daar là
daarginds là-bas
daarboven là-haut
dag jour, journée ; **dag!** salut ! ; **vandaag de dag** de nos jours
dagschotel plat du jour
dal vallée
damestoiletten toilettes pour femmes
dan alors, puis, que ; **kleiner dan** plus petit que
dancing *(Fl)* boîte de nuit
dank : dank u wel merci ; **hartelijk dank** merci beaucoup ; **geen dank** il n'y a pas de quoi
dankbaar reconnaissant
dankzij grâce à
dat *(démonstratif)* ça/cela, ce/cette ; *(pronom relatif)* qui, que ; *(conjonction)* que ; **ik denk dat...** je pense que...
dateren (uit) dater (de)
datum date
de le, la, les
deadline date limite
december décembre
deeg pâte
deel part, partie ; **deel uitmaken van** faire partie de
deken couverture
delen partager
denken penser, croire, réfléchir ; **denken aan** penser à ; **dat doet me denken aan...** ça me rappelle...
desinfecteren désinfecter
deur porte
deze ce/cette, ces ; **deze (hier)** celui-ci/celle-ci, ceux-ci/celles-ci
dia diapositive
dialect dialecte
diarree : diarree hebben avoir la diarrhée
dicht fermé
dichtbij près, proche
dichtgaan fermer, se fermer
die *(démonstratif)* ce/cette, ces, celui-là/celle-là, ceux-là/celles-là ; *(pronom relatif)* qui, que
dieet régime
dief voleur
diefstal vol *(délit)*
dienen tot servir à
dienst service ; **een dienst verlenen** rendre un service
dienstregeling horaires *(de train)*
diep profond
diepvries congélateur
diepvriesproducten les surgelés
dier animal
dierenarts vétérinaire
dierentuin zoo
dij cuisse
dik épais, gros
ding chose, truc
dinsdag mardi
disco(theek) discothèque
diskette disquette
dit ce/cet/cette, cela/ça, celui-ci/celle-ci ; **dit is...** je te présente...
dochter fille
doden tuer
doen faire
dokter docteur, médecin
dol : dol zijn op adorer
dolblij ravi
dom bête, idiot
donderdag jeudi
donker foncé
dood mort
doodop crevé *(fatigué)*

doof sourd
door à travers, par
doorbakken : goed doorbakken bien cuit
doorbrengen passer *(du temps)*
doorgaan (met) continuer (à)
doorreis : op doorreis zijn être de passage
doos boîte
dop bouchon *(de bouteille)*
doperwten petits pois
dorp village
dorst : dorst hebben avoir soif
douche douche
douchegel gel douche
douchen prendre une douche
draaien tourner
dragen porter
drank boisson
drankje consommation
dringend urgent
drinkbaar potable
drinken boire
drogen sécher ; **laten drogen** faire sécher
drol crotte
dromen rêver
dronken soûl
droog sec
droogte sécheresse
droom rêve
drug drogue
druif raisin
druk *(n)* pression ; *(adj)* animé, occupé ; **het is druk** il y a du monde
drukken (op) appuyer (sur)
druppels gouttes
duidelijk clair, évident
duiken faire de la plongée
Duits allemand
Duitser, Duitse Allemand(e)
Duitsland Allemagne
dun fin, léger, maigre
duren durer ; **het duurt twee uur** ça prend 2 heures
durven oser
dus donc, alors
duur *(n)* durée ; *(adj)* cher *(coûteux)*
duwen pousser

E

eb marée basse
echtgenoot mari
echtgenote épouse
een un(e)
eend canard
eenkamerappartement studio *(appartement)*
eenvoudig simple
eerder antérieur, avant, plutôt
eergisteren avant-hier
eerlijk honnête ; **eerlijk gezegd** franchement
eerst d'abord
eerste premier
eet smakelijk! bon appétit !
eeuw siècle ; **in de negentiende eeuw** au xixe siècle
ei œuf ; **gebakken ei** œuf sur le plat ; **zachtgekookt ei** œuf à la coque ; **hardgekookt ei** œuf dur
eigen propre
eigenaar propriétaire
eiland île
einde fin ; **aan het einde van** en fin de, à la fin de ; **aan het einde van de straat** au bout de la rue
eindelijk enfin
eindigen finir
elders ailleurs
elektrisch électrique ; **elektrische kookplaat** plaque électrique
e-mailadres adresse e-mail
en et
Engeland Angleterre
Engels anglais
Engelsman, Engelse Anglais(e)
enkel *(n)* cheville ; *(adj)* seul, unique
enkele quelques
envelop enveloppe
epileptisch épileptique
epileren épiler
er en, y, là
erg grave, mal, très ; **dat is niet erg** ce n'est pas grave ; **erg ziek** très malade
ergens quelque part
erger pire ; **het is erger (dan)** c'est pire (que) ; **erger worden** s'aggraver
ernstig grave, sérieux
erwt pois
etalage vitrine ; **in de etalage** en vitrine
eten *(n)* dîner ; *(v)* manger
Europa Europe
Europees européen ; **Europese unie** Union européenne
excursie excursion
excuus excuse ; **zijn excuses aanbieden** s'excuser
expres exprès
extra supplémentaire, de rechange

F

fabriek usine
familie famille

fantastisch fantastique, formidable
februari février
feest fête ; **feestje** fête, soirée
feesten faire la fête
feit fait ; **in feite** en fait
fiets bicyclette
fietspad piste cyclable
fietspomp pompe à vélo
file embouteillage ; **er staat een file van 10 km** il y a un bouchon de 10 km
film film, cinéma
flat immeuble, appartement
flauwvallen s'évanouir
fles bouteille, biberon
flesopener décapsuleur, ouvre-bouteilles
flits flash
föhn sèche-cheveux
folder dépliant
folkloristisch folklorique
fooi pourboire
formulier formulaire
foto photo ; **een foto/foto's maken** prendre une photo/des photos
fotograferen prendre en photo
fotokopie photocopie
fotorolletje pellicule
fototoestel appareil photo
fout *(n)* faute *(erreur)* ; *(adj)* faux
framboos framboise
Frankrijk France
Frans français
Fransman, Française Français(e)
friet frites
fris frais *(temps)*
frisdrank limonade, boisson sans alcool

G

gaaf super, magnifique
gaan aller *(v)* ; **hoe gaat het met u?** comment allez-vous ? ; **hoe gaat het?** ; ça va ? ; **met mij gaat het goed** je vais bien ; **gaan zitten** s'asseoir
gaar cuit *(à point)*, crevé *(fatigué)* ; **te gaar** trop cuit
gaatje : een gaatje hebben avoir une carie
garderobe vestiaire
garnaal crevette
gas gaz
gasfles bouteille de gaz
gaspedaal accélérateur
gast invité(e)
gat trou
gate porte *(d'aéroport)*
gauw rapide, bientôt ; **tot gauw!** à bientôt !
geadresseerde destinataire
gebak pâtisserie *(gâteau)*
geboortedatum date de naissance
geboren worden naître ; **ik ben op/in... geboren** je suis né le/en...
gebouw bâtiment
gebrek manque, défaut
gebroken cassé
gebruiken utiliser, se servir de
gedachte : van gedachte veranderen changer d'avis
gedeelte partie
gedeprimeerd déprimé
geduldig patient, patiemment
geel jaune
geen ne... pas de/un(e) ; **geen flauw idee** aucune idée
gefeliciteerd! félicitations ! ; **gefeliciteerd (met je verjaardag)!** bon anniversaire !
gefrituurd frit
gehakt viande hachée
gehandicapt handicapé *(adj)*
geheim secret
geit chèvre
gek fou
gekookt cuit
gel gel *(pour les cheveux)*
geld argent ; **geld teruggeven** rendre la monnaie
geldautomaat distributeur (automatique) de billets
geldig (voor) valable (pour), en cours de validité
geldigheid validité
geleden : twee jaar geleden il y a 2 ans ; **het is twee jaar geleden dat...** ça fait 2 ans que...
gelegenheid occasion
geloven croire ; **ik geloof dat...** je crois que...
geluid bruit, son
geluk bonheur, chance ; **veel geluk!** bonne chance !
gelukkig heureux, heureusement
gemeen méchant
gemiddeld moyen ; **gemiddelde duur** durée moyenne
geneesmiddel médicament
genoeg assez (de) ; **ergens genoeg van hebben** en avoir marre de quelque chose ; **dat is genoeg** ça suffit
genoegen : het is me een waar genoegen kennis met u te maken ravi de faire votre connaissance
geopend ouvert
gepensioneerde retraité
gerecht plat *(n)*

gereserveerd réservé
geroosterd grillé
gescheiden divorcé
geschiedenis histoire *(passé)*
geslacht sexe
gesloten fermé
gesprek : in gesprek occupé *(téléphone)*
getal nombre
getrouwd marié
geur odeur, parfum
gevaarlijk dangereux
geval cas ; **in geval van…** en cas de… ; **in ieder geval** de toute manière
geven donner ; **het geeft niet** ça ne fait rien, ce n'est pas grave
gevoelig sensible
gevogelte volaille
gewond blessé
gewoonlijk d'habitude
gewoonte habitude ; **de gewoonte hebben (te)** avoir l'habitude (de)
gezondheid santé ; **in goede gezondheid verkeren** être en bonne santé ; **gezondheid!** à tes/vos souhaits !
gids guide
gips plâtre ; **in het gips zitten** avoir un plâtre
gisteravond hier soir
gisteren hier
gitaar guitare
glaasje : een glaasje gaan drinken aller boire un coup
glas verre ; **een glas water/wijn** un verre d'eau/de vin
glas-in-loodramen vitraux
glimlachen sourire *(v)*
gloeilamp ampoule *(électrique)*
goed bon, bien ; **hoe gaat het met je? – goed** comment vas-tu ? – ça va bien ; **goed zo!** bravo !
goedemiddag bonjour
goedemorgen bonjour
goedenacht bonne nuit
goedenavond bonsoir
goedendag bonjour
goedkoop bon marché
golf golf, vague *(n)*
golfbaan terrain de golf
gooien jeter
gotisch gothique
goud or
gouden en or, doré
graad degré
graag volontiers ; **graag gedaan** je te/vous en prie ; **ik zou graag…** j'aimerais bien…
grammatica grammaire
grammen grammes
granen céréales
grap blague ; **een grapje maken** rigoler, plaisanter
grapefruit pamplemousse
grappig amusant, drôle
gras herbe
grendel verrou
grens frontière
Griek, Griekse Grec(que)
Griekenland Grèce
Grieks grec
griep grippe
grijs gris
groen vert
groente légume
groep groupe
groepsreis voyage organisé
grond sol ; **op de grond** à/par terre ; **begane grond** rez-de-chaussée
groot grand(e)
Groot-Brittannië Grande-Bretagne
gympen baskets, tennis
gynaecoloog gynécologue

H

haar *(n)* cheveux, poils
haar *(pronom complément)* lui, la, son/sa, ses ; **de/het hare** le sien/la sienne, les siens/les siennes
haas lièvre
haast : haast hebben être pressé
haasten : zich haasten se dépêcher
hak talon ; **hoge hakken** chaussures à talons
half demi, à moitié ; **een halve liter/kilo** un demi-litre/-kilo ; **een half uur** une demi-heure
halfpension demi-pension
halfvol : halfvolle melk lait demi-écrémé
hallo bonjour, bonsoir, salut, allô
hals cou
halte arrêt, station
ham jambon
hand main
handbagage bagages à main
handdoek serviette *(de toilette)*
handgemaakt fait main
handig pratique
handrem frein à main
handschoen gant
handtas sac à main
hard dur, fort ; **harde schijf** disque dur
haring sardine *(de tente)*
hart cœur

hartaanval crise cardiaque
hartelijk accueillant, chaleureux
hartpatiënt cardiaque *(n)*
hasj haschich
haten détester
haven port
hazelnoot noisette
hebben avoir
hedendaags contemporain
heel, hele *(adj)* entier, intact, tout ; **de hele tijd** tout le temps ; **de hele dag** toute la journée
heel *(adv)* très
heenreis aller *(n)*
heerlijk délicieux
helaas malheureusement
helemaal entièrement, complètement
helft moitié
helm casque
help! au secours !
helpen aider
hem le, lui
hemel ciel
hen *(n)* poule
hen *(pronom)* les, leur, eux/elles ; **van hen** le leur/la leur, les leurs
herentoiletten toilettes pour hommes
herfst automne
herhalen répéter
herinneren rappeler ; **zich herinneren** se rappeler, se souvenir (de)
herinnering souvenir *(n)* ; **ter herinnering aan** en souvenir de
herkennen reconnaître
herkomst origine
hesp *(Fl)* jambon
heten s'appeler ; **ik heet...** je m'appelle...
hetzelfde la même chose, le/la même
heup hanche
heuvel colline
hier ici ; **van hier** d'ici
hij il, lui
hijzelf lui-même
hinderen gêner
hitte chaleur
hoe comment ; **hoe lang...?** combien de temps... ? ; **hoe dan ook** de toute façon ; **hoe laat...?** à quelle heure... ? ; **hoe oud ben je?** quel âge as-tu ?
hoed chapeau
hoek angle, coin
hoest toux
hoesten tousser
hoeveel combien ; **hoeveel kost het?** combien ça coûte ? **de hoeveelste is het vandaag?** on est le combien ?
hoeven : je hoeft alleen maar... il suffit de...
Holland Hollande
Hollands hollandais
homoseksueel homosexuel
hond chien
honderd cent ; *(Fl)* **de honderd bellen** appeler les urgences
honger faim ; **honger hebben** avoir faim
honing miel
hoofd tête
hoofd-... ... principal
hoofdgerecht plat de résistance
hoofdkussen oreiller
hoofdpijn : hoofdpijn hebben avoir mal à la tête
hoog haut
hoogte : op de hoogte zijn (van) être au courant (de)
hooikoorts rhume des foins
hopen espérer ; **ik hoop dat...** j'espère que...
horen entendre
horloge montre
hotel hôtel
houden garder, tenir ; **houden van** aimer
hout bois
huid peau
huilen pleurer
huis maison ; **naar huis gaan** rentrer
huisarts généraliste, médecin de famille
huishouden : het huishouden doen faire le ménage
hulp aide, secours ; **om hulp roepen** appeler au secours
humor humour
hun les, leur/leurs
huren louer *(prendre en location)*
huur loyer
huwelijk mariage
huwelijksreis voyage de noces

I

idee idée
idioot idiot
ieder(e) chaque, chacun, tout ; **iedere dag** chaque jour, tous les jours
iedereen tout le monde, chacun, tous/toutes
iemand quelqu'un
iets quelque chose ; **iets gebruiken** consommer
ijs glace
ijsblokje glaçon
ik je, moi
ikzelf moi-même
in dans, en ; **in de loop van de avond** dans la soirée ; **in het Nederlands** en néerlandais ; **in Frankrijk/1995** en France/1995

inbegrepen compris ; **alles inbegrepen** tout compris
inbraak cambriolage
inchecken *(n)* enregistrement *(des bagages)*
inchecken *(v)* enregistrer *(bagages)*
indruk impression ; **de indruk hebben dat** avoir l'impression de
indrukwekkend impressionnant
infectie infection
informatie informations, renseignements
ingang entrée
ingeënt : ingeënt zijn tegen être vacciné contre
initialen initiales
inlichtingen renseignements
inschrijven : zich inschrijven s'inscrire
insect insecte
instappen *(n)* embarquement ; *(v)* embarquer, monter
interessant intéressant
internationaal international ; **internationale postwissel** mandat international
internetcafé café Internet, cybercafé
internetsite site Internet
invullen remplir
irritant agaçant, chiant
irriteren irriter, énerver
islamitisch musulman
Italiaan, Italiaanse Italien(enne)
Italiaans italien
Italië Italie

J

ja oui
jaar an, année ; **ik ben tweeëntwintig jaar** j'ai 22 ans
jack blouson
jam confiture
jammer dommage, tant pis ; **dat is jammer** c'est dommage
januari janvier
Japan Japon
Japanner, Japanse Japonais(e)
Japans japonais
jas manteau
jasje veste
jawel si *(oui)*
je tu, te, toi, ton/ta, tes, on
jetlag décalage horaire
jeugdherberg auberge de jeunesse
jeuken démanger
jij tu, toi
joggen faire du jogging
joggingpak jogging
jong jeune
jongen garçon
jongere jeune *(n)*
jouw ton/ta, tes ; **de/het jouwe** le tien/la tienne, les tiens/les tiennes
juist correct, juste
juli juillet
jullie vous, votre/vos
juni juin
jurk robe
juwelen bijoux
juwelierswinkel bijouterie

K

kaars bougie *(de cire)*
kaart carte, plan
kaartje billet, ticket
kaas fromage
kade quai
kalfsvlees veau
kalkoen dinde
kalm calme
kam peigne
kamer chambre, pièce, salle ; **kamers** chambre d'hôtes
kampeergasje camping-gaz®
kampeerterrein terrain de camping
kamperen faire du camping
kant côté, bord
kantoorboekhandel papeterie
kapel chapelle
kapper coiffeur
karaf carafe
karbonade côtelette
karretje Caddie®
kassa caisse
kassabon ticket de caisse
kastanje marron *(fruit)*
kasteel château
kat chat
kater gueule de bois
kathedraal cathédrale
katholiek catholique
katoen coton *(textile)*
kauwgom chewing-gum
keel gorge
keelpijn : keelpijn hebben avoir mal à la gorge
keer fois
kennen connaître
kennis connaissance(s)
kenteken numéro d'immatriculation
kerel homme, type
kerk église
kermis fête foraine, foire
kers cerise

kerstfeest : vrolijk kerstfeest! joyeux Noël !
Kerstmis Noël
ketting collier, chaîne
keuken cuisine
keuze choix
kiespijn rage de dents
kiezen choisir
kijken regarder
kikkererwten pois chiches
kilometer kilomètre
kin menton
kind enfant
kinderwagen poussette
kip poulet
kist caisse
klaar prêt ; **klaar zijn (om te)** être prêt (à)
klagen se plaindre
klas classe ; **eerste/tweede klas** première/deuxième classe
klassiek classique
kleding vêtements
kledingstuk vêtement
kleed tapis
kleerhanger cintre
klein petit
kleingeld petite monnaie
kleur couleur
klif falaise
klimaat climat
klooster monastère
knap beau, brillant *(intelligent)*, fort
knie genou
knoflook ail
knoop bouton *(de vêtement)*
knopje bouton *(d'un appareil)*
koe vache
koekenpan poêle
koekje biscuit, gâteau sec
koelkast frigidaire®
koffer valise ; **zijn koffers pakken** faire ses valises
kofferbak coffre *(de voiture)*
koffie café ; **koffie met melk** café crème ; **koffie verkeerd** café au lait
koken cuire, faire la cuisine
kom bol
komen venir ; **ik kom uit Parijs** je viens de Paris ; **komen uit…** être d'origine…
komkommer concombre
konijn lapin
koning roi
koningin reine
kool chou
koolzuurhoudend gazeux
koopavond nocturne *(n)*
koopwaar marchandise
koorts fièvre ; **koorts hebben** avoir de la fièvre
kopen acheter
koper cuivre
kopje tasse
koplamp phare *(de véhicule)*
koppeling embrayage
kort court
korting réduction, rabais ; **korting geven** faire un rabais
kortingsprijs tarif réduit
kosten coûter ; **hoeveel kost het?** combien ça coûte ? ; **dat kost…** ça coûte/vaut…
koud frais, froid ; **het is koud** il fait froid ; **het koud hebben** avoir froid ; **kou vatten** prendre froid
kraan robinet
krab crabe
krant journal
krantenkiosk kiosque à journaux
kredietkaart *(Fl)* carte de crédit
kreeft homard
kruidenierswinkel épicerie
kruidenthee tisane
kruis croix
kunnen pouvoir, être capable, savoir
kunst art
kunstenaar artiste
kunstwerk œuvre d'art
kurk bouchon *(en liège)*
kurkentrekker tire-bouchon
kusje bise
kussen embrasser
kussensloop taie d'oreiller
kust côte *(maritime)*
kwalijk : neemt u mij niet kwalijk pardon
kwaliteit qualité
kwart quart ; **kwart voor** moins le quart
kwartier quart d'heure
kwijt : de weg kwijt zijn être perdu

L

laag *(adj)* bas
laan avenue
laarzen bottes
laat tard ; **te laat** trop tard, en retard
laatste : op het laatste moment au dernier moment
lachen *(v)* rire
laken drap
lam agneau
lamp lampe
lamskotelet côte d'agneau
land pays

landschap paysage
lang long, grand, longtemps ; **een uur lang** pendant une heure
langoest langouste
langsgaan passer ; **ik ben rond een uur of zes langsgeweest** je suis passé vers 6 heures
langzaam lent, lentement, doucement
laptop ordinateur portable
laten laisser ; **met rust laten** laisser tranquille ; **laten zitten** laisser tomber
later plus tard ; **tot later!** à plus tard !
lauw tiède
lawaai bruit ; **lawaai maken** faire du bruit
lawaaierig bruyant
leeftijd âge
leeg vide
leer cuir
leggen mettre, poser, placer
lek *(n)* fuite ; *(adj)* crevé ; **een lekke band krijgen** crever
lekker bon, savoureux
lelijk laid, moche
lenen emprunter, prêter
lens lentille *(de contact)*, objectif *(photo)*
lente printemps
lepel cuillère
leraar professeur
leren apprendre
les cours, leçon
letten op surveiller
letter lettre *(de l'alphabet)*
leuk amusant, drôle, sympa ; **dat vind ik leuk** ça me plaît
leven *(n)* vie ; *(v)* vivre
levendig vivant *(animé)*
lever foie
lezen lire
lichaam corps
licht *(n)* lumière ; *(adj)* clair, léger
lichtblauw bleu clair
lichting levée *(du courrier)*
lid membre
liefde amour
liegen mentir
lievelings-... ... préféré
liever : liever willen préférer
lift ascenseur
liften faire du stop
lijden souffrir
lijken (op) ressembler (à) ; **op elkaar lijken** se ressembler
lijm colle
lijnen être au régime
likeur liqueur
limoen citron vert
limonade *(Né)* sirop *(jus de fruits)*, *(Fl)* limonade
links gauche ; **links (van)** à gauche (de)
linzen lentilles *(légume)*
lippenstift rouge à lèvres
liter litre
lokaal locale ; **lokale tijd** heure locale
loket guichet, billetterie
lol : lol hebben rigoler
long poumon
loodgieter plombier
lopen marcher, aller à pied
lucht air
luchtbed matelas pneumatique
luchthavenbelasting taxe d'aéroport
luchtpost : per luchtpost par avion
luchtvaartmaatschappij compagnie aérienne
lucifer allumette
luier couche
luisteren écouter
lunch déjeuner *(n)*
lunchen déjeuner *(v)*
Luxemburg Luxembourg
Luxemburger, Luxemburgse Luxembourgeois(e)
Luxemburgs luxembourgeois

M

maag estomac
maaltijd repas
maan lune
maand mois
maandag lundi
maandverband serviette hygiénique
maar mais ; **maar net** tout juste
maart mars
maat taille, pointure
mager maigre ; **magere melk** lait écrémé
magnetron micro-ondes
maken faire
makkelijk (om te) facile (à)
man homme, mari
manier façon, manière
map chemise *(de carton)*
markt marché
materiaal matériel
matras matelas
me me, moi
medicijn médicament
medium à point
meebrengen apporter, amener
meegaan met aller avec, accompagner
meel farine
meenemen emmener, emporter
meer *(n)* lac

meer plus ; **meer dan** plus que ; **er is geen... meer** il n'y a plus de...
meerdere plusieurs
meest : de meeste la plupart (de)
mei mai
meisje fille
meisjesnaam nom de jeune fille
mejuffrouw Mademoiselle
melk lait
melkchocolade chocolat au lait
meloen melon
men on ; **men zegt dat...** on dit que...
meneer Monsieur
mengen mélanger
mening avis, opinion
mensen gens
menstruatie règles
mes couteau
meteen tout de suite
met avec, en ; **met de auto** en voiture
meter mètre
metro métro
metrolijn ligne de métro
metrostation station de métro
mevrouw Madame
middag après-midi
middagdutje sieste ; **een middagdutje doen** faire la sieste
middaguur midi
middel moyen *(n)*, taille
middelbaar : middelbare school lycée
Middeleeuwen Moyen-Âge
middeleeuws médiéval
midden milieu, centre ; **te midden (van)** au/en milieu (de)
middernacht minuit
mier fourmi
mij me, moi
mijn mon/ma, mes ; **de/het mijne** le mien/la mienne, les miens/les miennes
mijnheer Monsieur
minder moins ; **minder dan** moins que
mineraalwater eau minérale
minstens au moins
minuut minute
mis messe
misschien peut-être
misselijk : misselijk zijn avoir la nausée
missen rater, manquer ; **ik mis twee...** il me manque deux...
mist brouillard
misverstand malentendu
mobiel : mobiele telefoon téléphone portable
modder boue
mode mode ; **in de mode** à la mode
modern moderne
moe fatigué
moed courage
moeder mère
moeilijk difficile, dur
moeite peine, effort ; **moeite doen** faire un effort ; **dat is de moeite waard** ça vaut la peine ; **moeite hebben met** avoir du mal à
moeten devoir ; **we moeten ons haasten** il faut se dépêcher ; **u moet...** vous devriez... ; **ik moet gaan** il faut que j'y aille
mogelijk possible ; **zo vroeg mogelijk** le plus tôt possible
moment moment ; **op dit moment** en ce moment
mond bouche
mooi joli, beau ; **mooi!** parfait !, super !
morgen demain ; **tot morgen!** à demain !
morgenavond demain soir
morning-afterpil pilule du lendemain
moskee mosquée
mosselen moules
mosterd moutarde
motor moteur, moto
mouw manche *(de vêtement)*
mug moustique
muis souris
muntstuk pièce *(de monnaie)*
museum musée
muts bonnet
muur mur
muziek musique

N

na après ; **na twee uur** au bout de 2 heures
naakt nu
naam nom
naar à, en ; **ik ga naar Frankrijk** je vais en France ; **ik ga naar Amsterdam** je vais à Amsterdam ; **de trein naar Amsterdam** le train en direction d'Amsterdam
naast à côté de, près de
nacht nuit
nachthemd chemise de nuit
nadenken réfléchir
nagel ongle
nagelknipper coupe-ongles
nagerecht dessert
nagesynchroniseerd doublé *(film)*
nat mouillé
nationaal national ; **nationale feestdag** fête nationale
nationaliteit nationalité
natuur nature
natuurlijk bien sûr, naturellement
nauwelijks à peine

Nederland Pays-Bas, Hollande
Nederlander, Nederlandse Néerlandais(e), Hollandais(e)
Nederlands néerlandais, hollandais
nee non
negatief négatif
nemen prendre
nergens nulle part
netnummer indicatif *(téléphonique)*
neus nez
niemand personne *(pronom)*
nier rein, rognon
niet ne… pas ; **helemaal niet** pas du tout ; **ik ook niet** moi non plus
niets rien, ne… rien
nieuw neuf, nouveau
nieuws informations, les nouvelles ; **goed/slecht nieuws** bonne/mauvaise nouvelle
nieuwjaar : gelukkig nieuwjaar! bonne année !
nieuwjaarsdag nouvel an
nieuwtje nouvelle
niks rien, ne… rien
noch : noch… noch… ni… ni…
nodig nécessaire ; **nodig hebben** avoir besoin de ; **ik heb nieuwe schoenen nodig** il me faut des chaussures neuves
nog encore, toujours ; **nog steeds** encore, toujours ; **nog meer** encore plus ; **nog niet** pas encore
non religieuse
nood : in geval van nood en cas d'urgence
noodgeval urgence
nooduitgang sortie de secours
nooit jamais, ne… jamais
noorden nord ; **ten noorden (van)** au nord (de)
Noordzee mer du Nord
normaal normal
november novembre
nu maintenant
nul zéro
nummer numéro
nuttig utile

O

ober serveur, garçon
oceaan océan
ochtend matin
oester huître
of ou, si *(à condition que)*
ogen yeux
ogenblik instant, moment ; **een ogenblikje alstublieft** un instant, s'il vous plaît ; **op dat ogenblik** à ce moment-là
ok, oké ok, d'accord
oktober octobre
olie huile
olijven olives
om : om drie uur à 3 heures
omdat parce que
omdraaien tourner
omelet omelette
omgooien renverser
omkeren faire demi-tour
omkleden : zich omkleden se changer
onaangenaam désagréable
onafhankelijk indépendant
onbezet libre
onder sous, en dessous (de), parmi
onderaan en bas (de)
onderbrengen héberger
onderbroek slip, caleçon
onderdak logement
ondergoed sous-vêtements
onderin au fond (de)
onderneming société *(entreprise)*
ondertekenen signer
ondertiteld sous-titré
ongehuwd célibataire
ongeluk accident
ongemanierd malpoli
ongerust : zich ongerust maken s'inquiéter
ongesteld : ongesteld zijn avoir ses règles
ongeveer environ, à peu près
onmogelijk impossible
ons nous *(pronom complément)*, notre, nos
ontbijt petit déjeuner
ontdekken découvrir
ontmoeten rencontrer, rejoindre ; **elkaar ontmoeten** se retrouver
ontspannen : zich ontspannen se détendre
ontvangen recevoir, accueillir
ontvangstbevestiging accusé de réception
onvergetelijk inoubliable
onweer orage
ontwikkelen développer ; **laten ontwikkelen** faire développer
onze nos ; **de/het onze** le/la nôtre, les nôtres
oog œil
ook aussi ; **ik ook** moi aussi
oom oncle
oor oreille
oorbellen boucles d'oreilles
oordopjes boules Quiès®
oorlog guerre
oosten est ; **ten oosten (van)** à l'est (de)
op sur, à ; **op de universiteit** à l'université
opbellen appeler *(au téléphone)*
opdat pour que
open ouvert
openbaar public *(adj)*
openen ouvrir

openingstijden horaires d'ouverture
openlucht : in de openlucht en plein air
opereren opérer ; **geopereerd worden** se faire opérer
opgezwollen enflé
opgroeien grandir ; **ik ben in Frankrijk opgegroeid** j'ai grandi en France
ophalen : iemand ophalen passer prendre quelqu'un ; **iemand/iets gaan ophalen** aller chercher quelqu'un/quelque chose
ophouden arrêter, s'arrêter, finir ; **zonder ophouden** sans arrêt
opladen recharger
oploskoffie Nescafé®
opmerken remarquer
opnemen retirer
opnieuw à/de nouveau
oppas baby-sitter
oppassen faire attention ; **pas op!** attention !
opruimen ranger
opschrijven noter
opslaan sauvegarder
opstaan se lever
opstijgen décoller
oranje orange *(couleur)*
organiseren organiser
oriëntatiepunt point de repère
origineel original
orkest orchestre
oud ancien, vieux
ouders parents
oven four
over sur, au-dessus de ; **over een kwartier** d'ici un quart d'heure ; **over een uur** dans une heure
overal partout
overbagage excédent *(de bagages)*
overgeven vomir ; **ik moet overgeven** j'ai envie de vomir
overhemd chemise *(vêtement)*
overmorgen après-demain
overschrijving virement
oversteken traverser
overstap changement

P

paard cheval
paars violet
pad sentier, crapaud
paddenstoelen champignons
pak, pakje paquet
pakket colis
paleis palais
pan casserole
panty collants
papier papier ; **papieren servetje** serviette en papier ; **papieren zakdoekje** kleenex®
papieren papiers
paprika poivron
paraplu parapluie
pardon pardon, excusez-moi
park parc
parkeerplaats place de parking
parkeren se garer
Pasen Pâques ; **vrolijk Pasen!** joyeuses Pâques !
paskamer cabine d'essayage
paspoort passeport
passagier passager(ère)
pasta pâtes
pastoor curé
patat frites
pauze entracte
pech panne ; **pech hebben** tomber en panne
peer poire
pen stylo
pensioen retraite ; **met pensioen zijn** être à la retraite
peper poivre
per par ; **per dag/uur** par jour/heure
perfect parfait
perron quai
persoon personne *(n)*
persoonlijk personnellement
persoonsbewijs carte d'identité
perzik pêche
pet casquette
peulvruchten légumes secs
picknick pique-nique
picknicken pique-niquer
pijl flèche
pijn mal ; **pijn hebben** avoir mal
pijp pipe
pil pilule ; **de pil slikken** prendre la pilule
pincet pince à épiler
pincode *(Né)* code confidentiel
pinda's cacahouètes
pinpas *(Né)* Carte Bleue®
plaat disque
plaats place, lieu, emplacement ; **er is geen plaats meer** il n'y a plus de place ; **in plaats van** au lieu de
plak *(Né)* tranche
plakband Scotch®
plan : van plan zijn te avoir l'intention de
plant plante
plassen faire pipi
plastic plastique ; **plastic tasje** sac plastique
plat *(adj)* plat, dégonflé
plattegrond plan

platteland campagne
plein place
pleister pansement
plezier plaisir ; **iemand een plezier doen** faire plaisir à quelqu'un ; **nog veel plezier!** bonne continuation !
poeder poudre
politie police
politieagent policier
politiebureau commissariat
pols poignet
portemonnee porte-monnaie
portret portrait
Portugal Portugal
Portugees portugais
Portugees, Portugese Portugais(e)
post courrier
postbode facteur
postcode code postal
poster affiche
postkantoor bureau de poste
postzegel timbre
pot pot *(de confiture, de fleurs)*
potlood crayon
prachtig magnifique
praten parler
prei poireau
pretpark parc d'attractions
priester prêtre
prijs prix, tarif
prik piqûre ; **met prik** gazeux
printen imprimer
privé-... ... privé
proberen essayer ; **proberen iets te doen** essayer de faire quelque chose
probleem problème
procent pour cent
processie procession
product produit
proeven goûter *(v)*
profiteren (van) profiter (de)
programma programme
proost! santé !
protestants protestant
pruim prune *(fruit)*
publiek public
puist bouton *(sur la peau)*
punt point ; **op het punt staan om te** être sur le point de
puur pur ; **pure chocolade** chocolat noir

R

raam fenêtre, vitre
racket raquette
radiator radiateur
ramp catastrophe
rauw cru
recent récent
recept recette
receptie réception ; **bij de receptie** à la réception
recht *(n, adj)* droit ; **het recht hebben om te...** avoir le droit de...
rechtdoor tout droit
rechts droite ; **rechts (van)** à droite (de)
rechtstreeks directement
rechtvaardig juste, équitable
reclame publicité
redden : zich redden se débrouiller
regen pluie
regenen pleuvoir ; **het regent** il pleut ; **we krijgen regen** il risque de pleuvoir
regenjack K-way®
regenjas imperméable *(n)*
reis voyage ; **goede reis!** bon voyage !
reisbureau agence de voyages
reischeque chèque de voyage
reizen voyager
rekenen op compter sur
rekening addition, note, reçu
religie religion
rem frein
remmen freiner
repareren réparer ; **laten repareren** faire réparer
repatriëren rapatrier
reserveonderdeel pièce de rechange
reserveren réserver
reservewiel roue de secours
rest : de rest le reste
retour(tje) aller-retour
reumatiek rhumatismes
rib côte *(du corps)*
richting direction
richtingaanwijzer clignotant
riem ceinture
rij file, queue, rangée ; **in de rij staan** faire la queue
rijbewijs permis de conduire
rijden rouler, marcher, conduire
rijk riche
rijp mûr
rijst riz
ring bague
risico risque
ritssluiting fermeture Éclair®
rivier fleuve, rivière
roepen appeler
roerei œufs brouillés
rok jupe

roken fumer ; **niet-roken** non-fumeurs
roker fumeur
rollerblades rollers
rolletje pellicule
rolstoel fauteuil roulant
romantisch romantique
rond rond, circulaire
rondje : dit rondje is van mij c'est ma tournée
rondleiding visite guidée
rood rouge, saignant
roos rose *(fleur)*
rosé vin rosé
rotonde rond-point
rots rocher
roze rose *(couleur)*
rozijnen raisins secs
rug dos
rugzak sac à dos
ruiken sentir ; **lekker ruiken** sentir bon
ruilen échanger
ruïnes ruines
rum rhum
rundvlees bœuf
rust : laat me met rust! laissez-moi tranquille !
rustig tranquille
ruzie dispute ; **ruzie maken** se disputer

S

samen ensemble
sandalen sandales
sap jus
saus sauce
schaaldieren crustacés
schaap mouton
schaar ciseaux
schaatsen *(n)* patins à glace ; *(v)* patiner
schaduw ombre ; **in de schaduw** à l'ombre
schaken échecs
schattig mignon
scheerapparaat rasoir électrique
scheermes rasoir
scheermesje lame de rasoir
scheerschuim crème/mousse à raser
scheiden séparer, se séparer
scheldwoord gros mot
schelp coquille, coquillage
scheren : zich scheren se raser
scherp épicé
schijnen : het schijnt dat... il paraît que...
schilderij tableau *(d'art)*
schilderkunst peinture
schitterend superbe
schoenen chaussures
schoenmaat pointure
school école, collège
schoon propre
schoonmaken nettoyer
schoorsteen cheminée
schouder épaule
schouwburg théâtre
schrift cahier
schrijven écrire
schrijver écrivain
secretaresse secrétaire
seizoen saison
seks sexe
september septembre
serieus sérieux
serveerster serveuse
servet serviette *(de table)*
sfeer ambiance
shampoo shampooing
shock choc
shorts short
shuttlebus navette
sigaar cigare
sigarenwinkel bureau de tabac
sigaret cigarette
sinaasappel orange *(fruit)*
sinds depuis (que) ; **sinds wanneer?** depuis quand ?
siroop sirop
situatie situation
sjaal écharpe
sjaaltje foulard
skeelers rollers
sla laitue, salade
slaap sommeil ; **slaap hebben** avoir sommeil ; **in slaap vallen** s'endormir
slaapmiddel somnifère
slaapzak sac de couchage
slagerij boucherie
slapeloosheid insomnie
slapen dormir ; **in de openlucht slapen** dormir à la belle étoile
slasaus vinaigrette
slecht mal, mauvais ; **het is slecht weer** il fait mauvais ; **niet slecht** pas mal
slechts seulement, ne... que
sleutel clé
slipje culotte, slip
slippers tongs
slot serrure
sluiten fermer
sluiting fermeture
smaak goût
sneetje tranche *(de pain)*
sneeuw neige
sneeuwen neiger

snel rapide, vite
snel-... ... express ; **sneltrein** train direct/rapide
snelheid vitesse
snelweg autoroute
snijden couper ; **zich snijden** se couper ; **in stukken gesneden** coupé en tranches
snoepje bonbon
snor moustache
snurken ronfler
soep soupe
soeplepel cuillère à soupe
sokken chaussettes
sommige quelques
soms parfois, quelquefois
soort espèce, sorte
Spaans espagnol ; **Spaanse peper** piment
Spaanse Espagnole
Spanjaard Espagnol
Spanje Espagne
specerij épice
speciaal spécial
specialiteit spécialité
speelgoed jouet
spel jeu
spelen jouer ; **het wordt in ... gespeeld** ça se joue à ...
spellen épeler
sperziebonen haricots verts
spiegel glace, miroir
spier muscle
spijkerbroek jean(s)
spijt hebben (van) regretter ; **het spijt me** je suis désolé
spin araignée
spinazie épinards
splinter écharde
spons éponge
sportief sportif *(adj)*
sportschoenen baskets
sportveld terrain de sports
spreken parler ; **met wie spreek ik?** qui est à l'appareil ?
spullen affaires *(effets personnels)*
staan : dat staat u goed ça vous va bien
staat état ; **de Staat** l'État
stad ville ; **oude stad** vieille ville
stadhuis mairie
stadion stade
stadscentrum centre-ville
stadswal remparts
stampvol bondé
standbeeld statue
station gare
steeds toujours, tout le temps ; **nog steeds** toujours
steek piqûre
steen pierre
steken piquer ; **gestoken worden (door)** se faire piquer (par)
stelen voler *(dérober)*
stem voix
stereotoren chaîne hi-fi
sterk fort
sterkte! bon courage !
sterven mourir
stijl style
stilte silence
stinken sentir mauvais
stipt : stipt om drie uur 3 heures pile
stoel chaise
stof tissu
stokbrood baguette
stom muet
stomerij pressing
stopcontact prise *(électrique)*
stoplicht feu rouge
stoppen arrêter, s'arrêter
storen déranger
storm tempête
straat rue
strak serré
strand plage
streek région ; **in de streek** dans la région
strijkbout fer à repasser
strijken repasser
strijkijzer fer à repasser
stropdas cravate
student étudiant
studeren étudier ; **biologie studeren** faire des études de biologie
studie études
stuitend choquant
stuk morceau ; **een stuk...** un morceau de... ; **een stukje...** un bout de...
stuurbekrachtiging direction assistée
succes succès
suiker sucre
suikerziekte diabète
super(benzine) super *(n)*
supermarkt supermarché
synagoge synagogue

T

taal langue
taart gâteau, tarte ; **taartje** gâteau
tabak tabac
tablet comprimé, cachet
tafel table
tand dent

tandarts dentiste
tandenborstel brosse à dents
tandpasta dentifrice
tapijt moquette, tapis
tas sac
taxichauffeur chauffeur de taxi
te trop ; **te veel** trop de ; **te gek** génial ; **te koop** à vendre
team équipe
tegen contre
tegendeel contraire ; **in tegendeel** au contraire
tegenover en face (de)
tekenen signer
tekening dessin
telefoneren (met) téléphoner (à)
telefoon téléphone
telefoonboek annuaire
telefooncel cabine téléphonique
telefoonkaart carte de téléphone
telefoonnummer numéro de téléphone
telefoontje appel ; **een telefoontje plegen** passer un coup de téléphone
teleurgesteld déçu
teleurstellend décevant
televisie télévision
telkens chaque fois
tellen compter
tempel temple
temperatuur température ; **zijn temperatuur opnemen** prendre sa température
tennisbaan terrain de tennis
tent tente
tentoonstelling exposition
terras terrasse ; **op het terras** en terrasse
terug : terug zijn être de retour
terugbellen rappeler
terugbetalen rembourser
teruggeven rendre
terugkomen revenir
terugreis retour
terugzien : elkaar terugzien se revoir
terwijl pendant que, tandis que
tevoren : van tevoren à l'avance
tevreden content
theater théâtre
thee thé
theezakje sachet de thé
thermometer thermomètre
thermosfles thermos®
thuis à la maison, chez soi
tiener adolescent
tijd temps ; **op tijd** à l'heure ; **tijd hebben om te** avoir le temps de
tijdelijk temporaire
tijdens pendant
tijdschrift magazine, revue
tijdschriftenhandel marchand de journaux
tijdsverschil décalage horaire
toch quand même
toegang accès
toegangscode code d'entrée
toen lorsque, alors
toerist touriste
toeristenklasse classe économique
toeristisch touristique
toeslag supplément
toestaan permettre
toestand état
toetje dessert
toevallig par hasard
toiletpapier papier-toilette
toilettas trousse de toilette
toiletten toilettes
tol péage
tomaat tomate
toneelstuk pièce de théâtre
tonen montrer
tong langue
tonijn thon
top sommet
tot jusqu'à ; **tot straks** à tout à l'heure
traag *(Fl)* doucement, lentement
traditie tradition
traditioneel traditionnel
tram tramway
trap escalier
trede marche
trein train
trekken tirer
trendy branché
trots (op) fier (de)
trouwdag anniversaire de mariage
trouwens d'ailleurs
trui pull
tuin jardin
tussen entre ; **tussen twaalf en twee** entre midi et 2
tweedehands d'occasion
tweeling jumeaux(elles)
typen taper
typisch typique

U

u vous *(sujet et complément)*
ui oignon
uitdoen enlever, éteindre
uitdrukken : zich uitdrukken s'exprimer
uitdrukking expression

uitgaan sortir ; **met iemand uitgaan** sortir avec quelqu'un
uitgang sortie
uitgeput épuisé
uitgeven dépenser
uitkrant guide des spectacles
uitlaat pot d'échappement
uitleggen expliquer
uitmaken : het maakt mij niet uit ça m'est égal
uitnodigen inviter
uitrusten se reposer
uitspreken prononcer
uitstap *(Fl)* excursion
uitstappen descendre
uitstekend excellent
uitverkoop soldes ; **in de uitverkoop** en soldes
uitzending émission
uitzicht vue ; **uitzicht op zee** vue sur mer
universiteit université
uur heure ; **om vijf uur** à 5 heures
uw votre, vos ; **het uwe** le/la vôtre, les vôtres

V

vaag flou
vaak souvent
vaatdoek torchon
vader père
vakantie vacances ; **op vakantie** en vacances ; **op vakantie gaan naar...** passer les vacances à…
vakantiekamp colonie de vacances
vallen tomber
valuta devise
van de ; **van… tot…** de… à…
vanaf de, dès, à partir de
vanavond ce soir
vandaag aujourd'hui
varken cochon, porc
vast coincé, bloqué, fixe ; **vaste prijs** prix fixe
vastzitten être bloqué
vechtpartij bagarre
veel beaucoup (de) ; **veel meer** beaucoup plus ; **best veel** pas mal
veerboot ferry
vegetarisch végétarien
veiligheid sécurité ; **in veiligheid** en sécurité
veiligheidsgordel ceinture de sécurité
vel feuille *(de papier)*
veldfles gourde
vent mec, gars
ventilator ventilateur
ver loin ; **ver van** loin de
veranderen changer
verband bandage
verbazen étonner
verblijf séjour
verboden interdit
verbranden : zich verbranden se brûler
verdienen gagner *(de l'argent)*
verdieping étage
verdoving anesthésie
verdragen supporter ; **ik verdraag… niet** je ne supporte pas…
verdriet chagrin, peine
verdrietig triste
verdrinken se noyer
verdwalen se perdre
verdwijnen disparaître
Verenigde Staten États-Unis
Verenigd Koninkrijk Royaume-Uni
vergadering réunion
vergeten oublier
vergissen : zich vergissen se tromper
vergissing erreur
verguld plaqué or
verhaal histoire *(récit)*
verhuren louer *(donner en location)*
verhuur location
verjaardag anniversaire
verkeer circulation *(routière)*
verkopen vendre
verkoper, verkoopster vendeur(euse)
verkouden enrhumé
verkoudheid rhume
verkrachting viol
verlaten quitter
verleden passé *(n)*
verlegen timide
verliezen perdre ; **tijd verliezen** perdre du temps
verloofde fiancé(e)
verlopen périmé
vermaken : zich vermaken s'amuser
vermoeiend fatigant
vernemen apprendre
verontschuldigen : zich verontschuldigen s'excuser
verpleegster infirmière
verrassing surprise
verrekijker jumelles *(de vue)*
verrukkelijk délicieux
vers frais ; **verse groente** légumes verts
verschuldigd : verschuldigd zijn devoir
versnellingsbak boîte de vitesses
verspillen gâcher
verstopt constipé
versturen envoyer
vertalen traduire
vertellen raconter
vertraagd retardé

vertraging retard
vertrek départ
vertrekken partir
vertrouwen *(v)* avoir confiance (en)
vervaldatum date d'expiration
vervallen en ruines
vervelen : zich vervelen s'ennuyer
vervelend ennuyeux
vervolgens ensuite
verwarming chauffage
verzekering assurance
verzenden envoyer
verzilverd plaqué argent
vet gras *(adj)*
veters lacets
videospel jeu vidéo
vieruurtje *(Fl)* goûter *(n)*
vies sale
vinden trouver ; **het goed/slecht (met iemand) kunnen vinden** bien/mal s'entendre (avec quelqu'un)
vinger doigt
vis poisson
visitekaartje carte de visite
vissen pêcher
visum visa
viswinkel poissonnerie
Vlaams flamand
Vlaamse Flamande
Vlaanderen Flandre
vlag drapeau
vlakbij (tout) près de
Vlaming, Vlaamse Flamand
vlees viande
vleeswaren charcuterie *(produits)*
vleeswarenwinkel *(Né)* charcuterie *(magasin)*
vlek tache
vlieg mouche
vliegen voler *(en avion)*
vliegtuig avion
vliegveld aéroport
vloed marée haute
vloeitjes papier à cigarette
vloer sol
vlucht vol *(d'avion)*
vochtig humide
vochtinbrengende crème crème hydratante
voedsel nourriture
voedselvergiftiging intoxication alimentaire
voelen sentir ; **zich voelen** se sentir ; **zich goed/slecht voelen** se sentir bien/mal
voet pied ; **te voet** à pied
voetbal football
voetganger piéton
voetgangerszone zone piétonne
vogel oiseau
vol complet, plein ; **vol met** plein de ; **volle melk** lait entier
voldoende zijn suffire
volgeboekt complet
volgen suivre
volgend(e) prochain, suivant ; **tot de volgende keer!** à la prochaine !
volgooien : de tank volgooien faire le plein d'essence
volk peuple
volledig complètement
volpension pension complète
volwassen(e) adulte
voor avant, devant, pour
vooralsnog pour le moment
voorbeeld exemple
voorbehoedmiddel contraceptif
voorbereiden préparer
voorgerecht entrée
voorhoofd front
voornaam prénom
voorruit pare-brise
voorspellen prévoir
voorstad banlieue
voorstellen présenter, proposer
voorstelling spectacle, séance *(de cinéma)*
voortdurend tout le temps
vooruitgang : vooruitgang maken faire des progrès
voorwiel roue avant
voorzichtig prudent
vorig(e) précédent, dernier ; **vorig jaar** l'année dernière
vork fourchette
vorm forme ; **in vorm** en forme ; **in vorm zijn** avoir la pêche
vorst gel *(eau gelée)*
vraag question ; **een vraag stellen** poser une question
vrachtwagen camion
vragen demander
vreemd bizarre, drôle
vreselijk terrible
vriend, vriendin ami(e), petit(e) ami(e)
vrij libre ; **zijn er nog plaatsen vrij?** est-ce qu'il reste des places ? ; **vrije dag** jour férié
vrijdag vendredi
vrijen met coucher avec
vroeg tôt ; **te vroeg** en avance
vrouw femme
vrucht fruit
vruchtensap jus de fruit
vuil sale ; **vuile was** linge sale ; **vuil worden** se salir

vuilmaken salir
vuilnis ordures
vuilnisbak poubelle
vuilniszak sac poubelle
vullen remplir
vulling plombage *(d'une dent)*
vuur feu ; **heb je een vuurtje?** tu as du feu ?
vuurwerk feux d'artifice
VVV-kantoor office de tourisme

W

waar *(adj)* vrai
waar *(adv)* où ; **waar is/zijn...?** où est/sont... ? ; **waar ga je heen?** où vas-tu ? ; **waar kom je vandaan?** d'où viens-tu ?
waard : waard zijn valoir
waardeloos nul, sans valeur
waarom pourquoi
waarschijnlijk probablement
waarschuwen prévenir
waarvan dont
wachten attendre ; **op iemand/iets wachten** attendre quelqu'un/quelque chose
wagon voiture *(d'un train)*
wakker : wakker worden se réveiller
walnoot noix
wandelen se promener, se balader, faire de la marche/une randonnée ; **gaan wandelen** aller se promener
wandeling promenade, randonnée
wandelschoenen chaussures de marche
wanneer quand
warm chaud ; **het is warm** il fait chaud ; **warme dranken** boissons chaudes ; **warme chocolademelk** chocolat chaud
was : de was doen faire la lessive
washand gant de toilette
wasmachine machine à laver
wasmiddel lessive
wassen laver ; **zich wassen** se laver ; **zijn haar wassen** se laver les cheveux
wasserette laverie
wastafel lavabo
wat qu'est-ce que/qui, quoi ; **wat voor soort...?** quel genre de... ? ; **wat doet u?** que faites-vous ?
water eau ; **water zonder prik**/*(Fl)* **plat water** eau plate
watermeloen pastèque
waterskiën ski nautique
watten coton *(hydrophyle)*
wattenstaafje coton-tige®
we nous, on
wedstrijd match
weduwnaar, weduwe veuf (veuve)
week semaine ; **door de week** en semaine ; **de hele week** toute la semaine
weer temps *(météo)*
weersvoorspelling prévisions météo
weg chemin, route ; **kortere weg** raccourci
wegens à cause de
wegenwacht service de dépannage
weggaan s'en aller, partir
weggooien jeter, mettre à la poubelle
weghalen enlever
wegwerp-... ... jetable
weigeren refuser
weinig peu (de)
wekken réveiller
wekker réveil
welk(e) quel/quelle, quels/quelles
welkom bienvenu ; **welkom!** bienvenu !
welterusten bonne nuit
wens souhait, vœu ; **beste wensen** meilleurs vœux
wereld monde
werk travail, boulot
werkelijk vraiment
werkelijkheid réalité ; **in werkelijkheid** en réalité
werken travailler ; **werken in** travailler dans
werkloos au chômage
werkloosheid chômage
werkzaamheden travaux
wesp guêpe
westen ouest ; **ten westen (van)** à l'ouest (de)
weten savoir
wie qui
wiel roue
wij nous, on
wijn vin ; **witte/rode wijn** vin blanc/rouge
wild sauvage
willen vouloir ; **ik wil graag...** je voudrais...
wind vent
windsurfen faire de la planche à voile
winkel boutique, magasin
winkelcentrum centre commercial
winkelen faire du shopping
winter hiver
winnen gagner
wisselen changer, faire de la monnaie
wisselkoers taux de change
wit blanc
wittebroodsweken lune de miel
woedend en colère
woensdag mercredi
wol laine
wolk nuage
wond plaie
wonen habiter

woonkamer salon
woord mot
woordenboek dictionnaire
worden devenir ; **ziek worden** tomber malade
worst saucisse, saucisson
wortel carotte

Z

zaal salle
zachtjes doucement
zak poche
zakdoek mouchoir
zaken affaires
zakenreis voyage d'affaires
zaklamp lampe de poche
zalf pommade
zalm saumon
zand sable
zaterdag samedi
ze elle, la, lui, ils/elles
zee mer ; **aan zee** au bord de la mer ; **Middellandse Zee** mer Méditerranée
zeebanket fruits de mer
zeep savon
zeeziek : zeeziek zijn avoir le mal de mer
zeggen dire ; **hoe zeg je dat?** comment ça se dit ?
zeilen faire de la voile
zeker sûr, certain
zekering fusible
zelden rarement, pas souvent
zeldzaam rare
zelfde même, pareil
zelfs même ; **zelfs zij** même eux/elles ; **zelfs als** même si
zender chaîne *(de télévision)*
zenuwachtig nerveux
zetpil suppositoire
zetten mettre, poser
ziedaar voilà
ziehier voici
ziek malade
ziekenhuis hôpital
ziekte maladie
zien voir ; **tot ziens** au revoir
zij elle, elles, ils, eux
zijde soie
zijn son/sa, ses ; **de/het zijne** le sien/la sienne, les siens/les siennes
zijn être *(v)* ; **het is** c'est ; **er is.../zijn...** il y a... ; **ik ben Fransman/Française** je suis Français(e) ; **ik ben in Parijs geboren** je suis né à Paris
zilver argent *(métal)*
zin phrase, sens, envie : **zin hebben om te** avoir envie de ; **heb je daar zin in?** ça te dit ? ; **heeft u daar zin in?** ça vous va ?
zoals comme, tel
zodra dès que
zoeken chercher
zoen baiser, bise ; **iemand met een zoen begroeten** faire la bise à quelqu'un
zoenen embrasser
zoet sucré, doux
zoetigheid sucreries
zomer été
zon soleil ; **in de zon** au soleil
zondag dimanche
zonder sans
zonnebrandcrème crème solaire
zonnebril lunettes de soleil
zonnehoed chapeau de soleil
zonnesteek coup de soleil, insolation ; **een zonnesteek oplopen** prendre un coup de soleil
zoomlens zoom
zoon fils
zorg souci, soin
zout *(n)* sel ; *(adj)* salé
zoutje biscuit salé
zozo pas terrible
zuiden sud ; **ten zuiden (van)** au sud (de)
zus sœur
zwaar lourd
zwak faible
zwanger enceinte
zwart noir
zwart-wit noir et blanc
zwembad piscine
zwembroek slip de bain, caleçon
zwemmen nager, se baigner
zweten transpirer

FÊTES ET JOURS FÉRIÉS

Fêtes et jours fériés nationaux

Pays-Bas

1er janvier	**Nieuwjaar** (jour de l'an)
mars ou avril	**Eerste Paasdag** (dimanche de Pâques)
mars ou avril	**Tweede Paasdag** (lundi de Pâques)
27 avril	**Koningsdag** (Jour du Roi et fête nationale). Pour les Néerlandais, c'est l'occasion de montrer son attachement à la famille royale (Oranje-Nassau) et aux traditions nationales. La couleur orange est omniprésente, la bière coule à flots et des spectacles gratuits ont lieu (concerts, sketches etc.). On organise des vide-grenier et en profite pour faire de bonnes affaires.
4 mai	**Dodenherdenking** (commémoration des morts depuis la Deuxième Guerre mondiale). Non chômé.
5 mai	**Bevrijdingsdag** (Fête de la Libération)
mai	**Hemelvaart** (Ascension)
mai	**Eerste Pinksterdag** (dimanche de Pentecôte)
mai	**Tweede Pinksterdag** (lundi de Pentecôte)
5 décembre	**Sinterklaas** (Fête de la Saint-Nicolas). Les enfants reçoivent des cadeaux et les adultes composent des poèmes humoristiques accompagnant des cadeaux-surprise. Non chômé.
25 décembre	**Kerstmis/Eerste Kerstdag** (Noël)
26 décembre	**Tweede Kerstdag** (lendemain de Noël)

Belgique flamande

1er janvier	**Nieuwjaar** (jour de l'an)
mars ou avril	**Pasen/Paaszondag** (dimanche de Pâques)
mars ou avril	**Paasmaandag** (lundi de Pâques)
1er mai	**Feest van de Arbeid** (Fête du travail)
mai	**Hemelvaart** (Ascension)
mai	**Pinksteren/Sinksen** (dimanche de Pentecôte)
mai	**Pinkstermaandag** (lundi de Pentecôte)

11 juillet	**Feest van de Vlaamse Gemeenschap** (Fête de la Communauté flamande, commémorant la victoire sur les Français en 1302).
21 juillet	**Nationale Feestdag** (fête nationale, pour célébrer l'indépendance de la Belgique depuis 1830).
15 août	**Maria-Hemelvaart/Halfoogst** (Assomption/Moitié de la récolte)
1er novembre	**Allerheiligen** (Toussaint)
11 novembre	**Wapenstilstand** (Armistice de la Première Guerre mondiale)
6 décembre	**Sint-Niklaas** (Fête de la Saint-Nicolas). Les enfants reçoivent des cadeaux. Non chômé.
25 décembre	**Kerstmis** (Noël)
26 décembre	**Tweede Kerstdag** (lendemain de Noël)

Fêtes et festivals

Pour n'en citer que quelques-uns :

Pays-Bas

fin janvier/ février	**Rotterdam International Film Festival** (Festival du cinéma de Rotterdam), très ouvert aux productions internationales et aux films d'auteur.
février	Le **Carnaval** n'est fêté que dans le sud (de culture catholique) des Pays-Bas. Ceux de Bergen op Zoom et Den Bosch sont les plus populaires.
fin mars à mi-mai	**Keukenhof** à Lisse : le parc floral le plus célèbre du monde ouvre ses portes pour la saison des fleurs.
avril-mi septembre	**Kaasmarkt** (marché au fromage), tous les vendredis sur la Waagplein (place du Poids Public) de Alkmaar. Cette tradition remonte au XVIIe siècle.
mai ou juin	**Vlaggetjesdag** (Jour des drapeaux) à Scheveningen : on fête alors l'ouverture de la saison de la pêche au hareng. Les bateaux du port arborent de riches décorations et l'on peut goûter le délicieux hareng nouveau.
juin	**Holland festival** (Festival de Hollande) à Amsterdam : vaste manifestation culturelle internationale qui met l'accent sur l'innovation artistique et l'expérimentation.
	Tong Tong fair : Festival de la culture indonésienne) à La Haye (mi-juin).

juillet **North Sea Jazz Festival :** festival de jazz à Rotterdam (2e week-end).

Vierdaagse van Nijmegen : les Marches à pied de 4 jours, un événement sportif qui est aussi l'occasion de faire la fête (3e ou 4e semaine).

août **Sail Amsterdam :** le rassemblement de grands voiliers organisé tous les 5 ans au port d'Amsterdam. 19-23 août 2015.

Festival oude muziek Utrecht : festival de musique médiévale et baroque (fin août-début septembre).

Belgique flamande

février **Anima, Festival du dessin animé** à Bruxelles.

mars **Carnaval** avec procession de géants à Aalst, Blankenberge, Halle, Maaseik, etc.

Ars Musica à Bruxelles : festival de musique contemporaine.

Festival international du film fantastique et de science-fiction à Bruxelles.

avril **Ronde van Vlaanderen** : Tour des Flandres, grande compétition cycliste internationale (260 km parcourus en une journée).

mai **Fête des Chats** à Ieper/Ypres (2e dimanche) : fête remontant au Xe siècle, au cours de laquelle on lance des peluches du beffroi (à l'origine des chats vivants, pour défier le diable). Tous les 3 ans (2015, 2018...).

Kunsten Festival des Arts à Bruxelles en mai et juin : théâtre, concerts, etc. en plein air.

juin **Fête des pêcheurs et Fête de la crevette** à Oostduinkerke (dernier week-end).

juillet **Sfinks Mixed Festival**, à Boechout : musiques du monde.

Gentse feesten (Fêtes gantoises) à Gand (3e semaine) : concerts, spectacles de rue et de marionnettes. Fête très populaire, qui dure jour et nuit pendant quinze jours.

septembre **Middelheim Jazz Festival** dans le parc Middelheim de Antwerpen.

Festival de Flandre : manifestations artistiques variées, dans les villes d'art.

décembre **Fête de la Saint-Nicolas** et **marchés de Noël** à Brugge et Antwerpen.

ADRESSES ET NUMÉROS UTILES

Pour les Pays-Bas

En France :

Office néerlandais du tourisme et des Congrès
40 bis rue du Faubourg Poissonière 75010 Paris
Tél : 01 43 12 34 20 / Fax : 01 43 12 34 21 (lundi à vendredi 10h-16h)
Site Internet : **www.holland.com/fr**

Ambassade des Pays-Bas
7 rue Eblé 75007 Paris
Tél : 01 40 62 33 00 / Fax : 01 40 62 34 56 (nombreuses informations touristiques)

En Belgique :

Office néerlandais du tourisme
Avenue Louise 89, B-1050 Bruxelles 5, Belgique
Tél : 02 543 08 00 / Fax : 02 534 21 94

Aux Pays-Bas :

Notez qu'aux Pays-Bas, les ambassades se trouvent à La Haye, et les consulats (plus pratiques) à Amsterdam.

Consulat Général de France aux Pays-Bas
Vijzelgracht 2, 1017 HR Amsterdam
Tél : (31) (0)20 530 69 69 / Fax : (31) (0)20 530 69 88

Consulat de la Suisse aux Pays-Bas
De Lairessestraat 97, 1071 NX Amsterdam
Tél. : (31) (0)20 717 34 16 / Fax : (31) (0)20 67 555 15

Ambassade de la Suisse
Lange Voorhout 42, 2514 EE Den Haag
Tél : (31) (0)70 36 42 831

Pour la Belgique flamande

En France :

Tourisme Belgique Flandre & Bruxelles
6 rue Euler 75008 Paris
Tél. : 01 56 89 14 42
info@tourismebelgique.com
www.tourismebelgique.com

En Suisse :

Ambassade de Belgique
Jubiläumstrasse 41, 3005 Bern
Tél. : (031) 350 01 50 / Fax (031) 350 01 65

Consulat de Belgique
58 rue Moillebeau, 1209 Genève 19
Tél. (022) 730 40 00 / Fax : (022) 730 40 17

En Belgique :

Visitflanders
Grasmarkt 61, 1000 Bruxelles
info@toerismevlaanderen.be
www.visitflanders.com
Le site **www.resto.be** répertorie près de 10 000 restaurants.

Ambassade de France
rue Ducale 65, 1000 Bruxelles
Tél. 02 548 87 11 / Fax : 02 548 87 32
Site Internet : **www.ambafrance-be.org**

Consulat général de France
42 bd du Régent, B-1000 Bruxelles
Tél. : 02 548 88 11
Site internet: www.consulfrance-bruxelles.org

Numéro d'urgence aux Pays-Bas : 112
Numéros utiles en Belgique :
Pompiers et ambulance **100**, Police **101**, Renseignements **1307**

HARRAP'S
Arrêtez de parler avec les mains !

Avec la collection « Parler en voyage », retrouvez tous les mots et expressions pour faciliter votre voyage et vous permettre de vous exprimer en toute situation.

Dans la même collection

Parler en voyage **allemand**
Parler en voyage **arabe**
Parler en voyage **brésilien**
Parler en voyage **bulgare**
Parler en voyage **chinois**
Parler en voyage **coréen**
Parler en voyage **croate**
Parler en voyage **danois**
Parler en voyage **espagnol**
Parler en voyage **finnois**
Parler en voyage **grec**
Parler en voyage **hindi**
Parler en voyage **hongrois**
Parler en voyage **indonésien**
Parler en voyage **italien**
Parler en voyage **japonais**
Parler en voyage **norvégien**
Parler en voyage **polonais**
Parler en voyage **portugais**
Parler en voyage **roumain**
Parler en voyage **russe**
Parler en voyage **suédois**
Parler en voyage **tchèque**
Parler en voyage **thaï**
Parler en voyage **turc**
Parler en voyage **vietnamien**